志愿服务丛书

VOLUNTEER SERVICE SERIES

文化志愿服务

WENHUA ZHIYUAN FUWU

主编◎叶　菁

南京出版传媒集团
南京出版社

图书在版编目（CIP）数据

文化志愿服务 / 叶菁主编 . -- 南京：南京出版社
（志愿服务丛书）
ISBN 978-7-5533-3254-3

Ⅰ.①文… Ⅱ.①叶… Ⅲ.①文化工作—志愿—社会服务—研究—中国 Ⅳ.①G12 ②D669.3

中国版本图书馆 CIP 数据核字（2021）第 065652 号

丛 书 名　志愿服务丛书
书　　名　文化志愿服务
主　　编　叶　菁
出版发行　南京出版传媒集团
　　　　　南 京 出 版 社
社址：南京市太平门街53号　　邮编：210016
网址：http://www.njcbs.cn　　电子信箱：njcbs1988@163.com
联系电话：025-83283893、83283864（营销）　025-83112257（编务）

出 版 人　项晓宁
出 品 人　卢海鸣
责任编辑　汪　枫
装帧设计　王　俊
责任印制　杨福彬

排　　版　南京新华丰制版有限公司
印　　刷　南京鸿图印务有限公司
开　　本　787毫米×1092毫米　1/16
印　　张　11.25
字　　数　150千
版　　次　2022年1月第1版
印　　次　2022年1月第1次印刷
书　　号　ISBN 978-7-5533-3254-3
定　　价　28.00元

丛书编委会

总　序

※

习近平总书记指出："志愿服务是社会文明进步的重要标志。党的十八大以来，广大志愿者、志愿服务组织、志愿服务工作者积极响应党和人民号召，弘扬和践行社会主义核心价值观，走进社区、走进乡村、走进基层，为他人送温暖、为社会作贡献，充分彰显了理想信念、爱心善意、责任担当，成为人民有信仰、国家有力量、民族有希望的生动体现。"

作为中国志愿服务事业的重要组成部分，青年志愿服务事业是党领导的共青团在新的历史条件下创新工作领域、服务社会需求的一大创举，极大地鼓励了亿万青年投身志愿服务的行列。为了进一步推动青年志愿服务事业的发展，弘扬志愿精神，宣传志愿文化，规范志愿服务组织和队伍的建设，共青团江苏省委根据共青团中央《中国青年志愿者行动发展规划（2014—2018）》和《关于加强青年志愿服务培训工作的方案》的有关要求，依托江苏省青年志愿者协会高校志愿服务专业委员会，结合志愿服务的工作实践，策划、编写了这套志愿服务丛书。

作为国内首套全方位、多领域、成体系指导志愿服务工作的丛书，其具有以下三个特点：

第一，权威性。本丛书自策划之始，严格按照共青团中央《中国青年志愿者行动发展规划（2014—2018）》和《关于加强青年志愿服务培训工作的方案》相关要求，结合纷繁复杂的具体情况，进行理论升华，构建了一个既有严密理论基础，又有广泛实践支撑的编写体例，保证了丛书的科学性和权威性。

第二，系统性。本丛书的编写过程是对青年志愿服务工作有关的内容加以系统化、规范化的创新工程。相比之前其他地区或部门总结的相关经验，本丛书无论是实践工作的横向跨度，还是理论支撑的纵深度，均体现出由点及线，再由线到面的系统性和专业性。

第三，实用性。本丛书包括通识类和分领域两个系列。其中分领域志愿服务涉及扶贫、环保、助残、关爱农民工子女等热点领域。如何让更多的青年志愿者在相对有限的时间内了解并掌握服务宗旨、服务内容、服务技能等知识，对于志愿服务项目的成功与否具有决定性的影响。本丛书的编写者均为具有丰富志愿服务活动组织、协调、推广经验的高校教师，了解组织志愿服务活动的关键“穴位”，更具有举一反三、提纲挈领的总结归纳能力。因此，本丛书极具实用性，可以作为青年志愿者参与各类志愿服务活动的实践指南。

希望本丛书的编写、出版，能够进一步加强教育引导，强化广大青年志愿者的志愿服务意识，提升专业领域志愿服务水平，为今后青年志愿服务事业的蓬勃发展奠定良好的基础。希望青年志愿者努力践行社会主义核心价值观，以实际行动书写新时代的雷锋故事，以青春梦想、用实际行动为实现中国梦做出新的贡献。

前　言

※

文化志愿服务涉及范围广，包含内容广泛，又因其具有文化传播、文化普及、文化服务的特性而深受群众的欢迎。文化志愿服务是弘扬社会主义核心价值观的重要组成部分，又是志愿服务的主要类型，对我国建设社会主义精神文明、提升国民整体素质都发挥着重要的作用。

本书是一本较为全面系统介绍文化志愿服务活动的专著，立足于展现我国文化志愿服务的发展脉络、基本情况，介绍近年来我国文化志愿服务活动的实践经验，借鉴国内外的优秀案例，提升文化志愿服务的水平，从理论基础和实务操作两方面全面介绍了文化志愿服务的各种要素。希望这一本书能为有志于从事文化志愿服务一线工作的志愿者以及文化志愿服务项目的策划者提供一定的参考。

本书从理论基础和实务操作两方面展开，共6章。理论基础部分主要阐释有关文化志愿服务的基础理论，对文化志愿服务的基本概念、发展历史和现状、服务的内容等进行总体的概述，包括第一章《文化志愿服务概述》、第二章《我国文化志愿服务的发展概况》、第三章《文化志愿服务的内容》。第二部分实务操作，是开展文化志愿服务中会涉及的方法，主要是从如何确定文化志愿服务的范围，如何选择文化志愿服务的形式以及如何开展项目设计和管理等展开，包括第四章《文化志愿服务的范围》、第五章《文化志愿服务的形式》、第六章《文化志愿服务项目设计和管理》。

本书将我国近年来文化志愿服务中的突出经验、生动案例和创新实践融入其中，不仅能为文化志愿服务志愿者和团队提供培训和参考，也可以为文化志愿服务项目的成果转化提供研究和探讨。本书具有以下特色：一、内容新颖，总结了近年来我国文化志愿服务的最新发展情况、相关政策和数据，是一本较为集中展现文化志愿服务的图书。二、案例丰富，在理论基础和实务操作两部分都大量列举了近年来文化志愿服务的优秀案例，呈现了文化志愿服务开展过程中的经验做法，深入剖析文化志愿服务开展过程中的问题和难点，为读者更好地提供思路和方法。三、通俗易懂，为了更好地指导一线文化志愿服务工作者开展志愿服务，书中的文字较为凝练，语言平实，可读性强，更适合文化志愿服务工作者及时学习和补充相关知识。

编　者

目录

第一章　文化志愿服务概述

※

第二章　我国文化志愿服务的发展概况

※

第三章 文化志愿服务的内容

※

第四章　文化志愿服务的范围

※

第五章　文化志愿服务的形式

※

第六章　文化志愿服务项目设计和管理

※

附录　文化志愿服务相关管理办法

※

第一章

文化志愿服务概述

文化志愿服务是志愿服务的一种类型，是文化服务的一种自我生产、自我传播、自我消费的新形式，也是发展中国特色社会主义文化、建设社会主义文化强国、传播社会正能量、弘扬社会主义核心价值观的重要体现。本章将对文化志愿服务的基本概念、定义、特征、功能、原则等进行梳理和介绍。

第一节　文化的基本概念

※

一、文化的含义

文化体现在人类社会的方方面面，从原始社会的石器、青铜器到现代社会的航母、火箭，从古典诗歌到流行音乐，从苏州刺绣到陕西面食，这些符号都记录了文化。文化的符号很普遍，其内涵和外延也十分丰富。战国时期《易传·贲卦·象传》中提出“观乎天文，以察时变；观乎人文，以化成天下”，寓意以文教化。《说苑·指武》中指出“圣人之治天下也，先文德而后武力。凡武之兴，为不服也。文化不改，然后加诛”。《文选·补亡诗》中指出“文化内辑，武功外悠”，寓意用文化来对抗武力和野蛮。英国人类学家泰勒（E. B. Tylor）最早在《原始文化》一书中做了通俗的文化定义，他指出：“文化是一个复合整体，它是人作为社会成员所学习获得的一切内容，包括知识、信仰、艺术、道德、法律、习俗，以及其他的能力和习惯。”[①]文化是人类所特有的社会现象，主要的成分就是符号、价值和意义、社会规范。美国文化人类学家克鲁伯（A. L. Koroeber）和克拉克洪（C. Kluckhohn）在《文化，关于概念和定义的

①[英]爱德华·泰勒著.连树声译.原始文化[M].桂林：广西师范大学出版社.2005.

检讨》中认为："文化是包括各种外显和内应的行为模式，它通过符号的运用使人们习得及传授，并构成人类群体的显著成就；文化的基本核心包括传统（由历史衍生及选择而成）观念，其中观念尤为重要；文化体系虽可被认为是人类活动的产物，同时也可认为是限制人类进一步活动的因素。"

《辞海》将"文化"一词分为广义与狭义，广义指人类在社会历史实践中所创造的物质财富和精神财富的总和。狭义指社会的意识形态以及与之相适应的制度和组织机构。作为意识形态的文化，是一定社会的政治和经济的反映，又作用于一定社会的政治和经济。随着民族的产生和发展，文化具有民族性。每一种社会形态都有与其相适应的文化，每一种文化都随着社会物质生产的发展而发展。社会物质生产发展的连续性，决定文化的发展也具有连续性和历史继承性。①易益典认为，"文化是人类群体创造并共同享有的物质实体、价值观念、意义体系和行为方式，是人类群体的整个生活状态。它既是人类的创造物，又是人类活动的前提。"②因此文化促进了人和物的有机结合，每一个社会形态、社会阶层和社会物质都因其独特的符号、价值、意义而呈现了不同的文化。文化既有有形的物质实体，也有无形的精神观念，可以说是包含了人类活动的产物。

二、中国特色社会主义文化的含义

新时代建设社会主义文化强国，坚定文化自信是文化发展的核心要义。习近平总书记在联合国教科文组织总部的演讲中提到："实现中国梦，是物质文明和精神文明均衡发展、相互促进的结果。没有文明的继承和发展，没有文化的弘扬和繁荣，就没有中国梦的实现。"③习近平总书记十分重视社会主义文化强国的建设，十九大报告中指出："文化是一个国家、一个民族的灵魂。文化兴国运兴，文化强民族强。没有高度的文化自

---

① 辞海 . 上海：上海辞书出版社 [M].1999:4365.

② 易益典、周拱熹著 . 社会学教程 [M]. 上海：上海人民出版社 .2001:40.

③ 习近平在联合国教科文组织总部的演讲 [EB/OL].http://www.xinhuanet.com//politics/2014-03/28/c_119982831.htm, 2014-3-27.

信，没有文化的繁荣兴盛，就没有中华民族伟大复兴。要坚持中国特色社会主义文化发展道路，激发全民族文化创新创造活力，建设社会主义文化强国。”①

习近平总书记在多次讲话中提到中国特色社会主义文化的核心内涵，并指出了发展的方向。“中国特色社会主义文化，源自于中华民族五千多年文明历史所孕育的中华优秀传统文化，熔铸于党领导人民在革命、建设、改革中创造的革命文化和社会主义先进文化，植根于中国特色社会主义伟大实践。发展中国特色社会主义文化，就是以马克思主义为指导，坚守中华文化立场，立足当代中国现实，结合当今时代条件，发展面向现代化、面向世界、面向未来的，民族的科学的大众的社会主义文化，推动社会主义精神文明和物质文明协调发展。要坚持为人民服务、为社会主义服务，坚持百花齐放、百家争鸣，坚持创造性转化、创新性发展，不断铸就中华文化新辉煌。”②因此，中国特色社会主义文化的发展就主要集中在大力弘扬中华民族优秀传统文化、传承革命文化、发展社会主义先进文化。

弘扬中华优秀传统文化。中华优秀传统文化是中国特色社会主义根植的沃土，也是中华民族的精神命脉，中华优秀传统文化包罗万象，总体是仁爱、和平、和谐的思想，主要是“承载着‘大道之行也，天下为公’的社会理想，‘天下兴亡，匹夫有责’的爱国理念，‘以和为贵，和而不同’的处世哲学，‘天人合一，道法自然’的生命境界，‘革故鼎新，与时俱进’的改革精神，‘己所不欲，勿施于人’的道德规范，‘天行健，君子以自强不息’的奋进精神，‘言必信，行必果’的行为规范，‘正心诚意，修齐治平’的心性修养……”③

传承革命文化。革命文化是中国共产党领导中国人民在伟大的革命实践和革命斗争中构建的文化，是中国革命事业的精神遗产和文化宝藏，

---

①决胜全面建成小康社会，夺取新时代中国特色社会主义伟大胜利——在中国共产党第十九次全国代表大会上的报告 [EB/OL].http://www.xinhuanet.com/2017-10/27/c_1121867529.htm, 2017-10-18.

② 决胜全面建成小康社会，夺取新时代中国特色社会主义伟大胜利——在中国共产党第十九次全国代表大会上的报告 [EB/OL].http://www.xinhuanet.com/2017-10/27/c_1121867529.htm, 2017-10-18.

③ 为什么要弘扬中华优秀传统文化——学习习近平总书记关于弘扬中华优秀传统文化重要论述 [EB/OL].http://epaper.gmw.cn/gmrb/html/2019-03/28/nw.D110000gmrb_20190328_1-06.htm, 2019-3-28.

是中国人民优良传统和意志品质的集中体现。它起源于五四新文化运动和中国共产党成立，形成于新民主主义革命时期，丰富发展于社会主义革命与建设以及改革开放时期，主要包括红船精神、井冈山精神、长征精神、延安精神、西柏坡精神等。革命文化蕴含了不畏牺牲、乐于奉献的大无畏革命精神，坚忍不拔、勇往直前的奋斗精神，自力更生、艰苦奋斗的创业精神。

发展社会主义先进文化。社会主义先进文化指以马克思主义为指导，继承和弘扬中华优秀文化传统和五四运动以来形成的革命文化传统，吸收借鉴世界优秀文化成果，集中体现全国各族人民在新的历史条件下的精神追求，始终代表着当代中国发展前进方向的文化。“坚持和完善中国特色社会主义制度，推进国家治理体系和治理能力现代化，离不开社会主义先进文化的滋润和涵养。所以，只有大力发展社会主义先进文化，用社会主义先进文化熔铸各族人民团结奋斗的共同的理想信念、价值理念、道德观念，才能提供文化制度的强大思想动力与信念支撑，促进全体人民在思想上、精神上紧紧团结在一起，广泛凝聚起人们的精神力量，才能构建起国家治理体系和治理能力现代化的深厚精神支撑。”①

① 坚持和完善繁荣发展社会主义先进文化的制度 [EB/OL].http://theory.people.com.cn/n1/2019/1106/c40531-31440569.html，2019-11-6.

第二节　文化服务的基本概念

※

一、文化服务的含义

人类对文化进行传承、创造、发展、改造。随着文化发展的日渐繁荣，已形成了可生产、传播、消费的文化产业链，称为“文化产业”。“文化产业”这一概念首次由法兰克福学派马克斯·霍克海默（M. Max Horkheimer）和西奥多·阿道尔诺（Theodor W. Adorno）提出，所谓文化产业是指凭借现代科学技术手段，在工厂中以标准化、规格化的方式被生产出来，并通过报纸、杂志等媒体传递给消费者的过程。[①]文化对社会的教化功能在两次世界大战后日渐凸显，各个国家开始加大对文化艺术的扶持，形成了支持文化艺术、鼓励文化繁荣的局面，将文化功能日益深化，文化服务业也应运而生。文化服务业是为文化服务提供生产、服务活动的部门的集合，涵盖了广播电视、新闻出版、展览广告等行业，为公众提供文化服务就是文化服务业的核心功能。文化服务是指满足人们文化兴趣和需要的行为，这一行为通常由政府、私人机构和半公共机构为社会文化实践提供的各种各样的文化支持。这种文化支持包括举行各种演出、组织文化活

①[德]马克斯·霍克海默、西奥多·阿道尔诺著.渠敬东、曹卫东译.启蒙辩证法[M].上海：上海人民出版社.2003.

动、推广文化信息以及文化产品的收藏（如图书馆、文献资料中心和博物馆）等。文化服务可以是免费的，也可以有商业目的。

二、文化服务的类别

为了更好地了解文化服务的内涵，提升文化公共服务和文化志愿服务的质量，就需要了解文化服务业的类别，为深化文化体制改革和持续推进社会主义文化强国建设提供统计保障，建立科学可行的文化及相关产业统计制度，国家统计局于2018年4月2日颁布了新修订的《文化及相关产业分类（2018）》，这一分类以文化为核心内容，为直接满足人们的精神需要而进行的创作、制造、传播、展示等文化产品（包括货物和服务）的生产活动。具体包括新闻信息服务、内容创作生产、创意设计服务、文化传播渠道、文化投资运营和文化娱乐休闲服务等活动。文化服务业的基本范畴如下表。

表1–1　部分文化服务业统计

文化服务业类别名称	细分行业
01新闻信息服务	011新闻服务
	012报纸信息服务
	013广播电视信息服务
	014互联网信息服务
02内容创作生产	021出版服务
	022广播影视节目制作
	023创作表演服务
	024数字内容服务
	025内容保存服务
03创意设计服务	031广告服务
	032设计服务
04文化传播渠道	041出版物发行
	042广播电视节目传输
	043广播影视发行放映
	044艺术表演
	045互联网文化娱乐平台
	046艺术品拍卖及代理
	047工艺美术品销售

（续表）

文化服务业类别名称	细分行业
05文化投资运营	051投资与资产管理
	052运营管理
06文化娱乐休闲服务	061娱乐服务
	062景区游览服务
	063休闲观光游览服务
07文化辅助生产和中介服务	071文化辅助用品制造
	072印刷复制服务
	073版权服务
	074会议展览服务
	075文化经纪代理服务
	076文化设备（用品）出租服务
	077文化科研培训服务

资料来源：国家统计局《文化及相关产业分类（2018）》（2018年4月）

三、公共文化服务的含义和特征

（一）公共文化服务的含义

文化不应是一味地迎合精英阶层，而应强调普通大众的广泛参与和接纳。文化的多元融合进一步深入，各国家、各地区形成了文化多元和个性的共生局面，因此各个国家大力完善文化体制，构建文化空间，提高文化管理等，即形成了公共文化服务事业。公共文化服务事业涵盖了广播电视、电影、出版、图书馆等公共文化领域和公共文化产品，公共文化服务是政府和非营利管理组织提供的，为满足社会成员基本文化需求，提升文化素质和文化质量的服务。“公共文化服务作为政府提供的公共服务职能的重要组成部分，是为社会提供非排他性和非竞争性的公共产品和服务的文化领域。它的实质就是文化从业群体向社会提供的公共文化产品和服务，其中既涵盖了城乡公共文化设施建设、发展文化生产力、发布公共文化信息等行业行为，也涵盖了为城乡居民文化生活和参与文化活动提供必备保障和创造条件的社会行为。”[①]因此社会公共服务体系是一个含政府

① 杨晓东、尹学梅著．当代我国公共文化服务体系建设论纲 [M]. 天津社会科学院出版社 .2014:84.

主导、社会参与的庞大系统。公共文化服务是“政府根据经济社会发展和总体水平提供的，保障公民基本文化权益的公共文化产品和服务，包括加强城乡公共文化设施建设、发展文化生产力、发布公共文化信息，为城乡居民文化生活和参与文化活动提供必备保障和创作条件”。[①]2016年12月25日第十二届全国人民代表大会常务委员会第二十五次会议通过《中华人民共和国公共文化服务保障法》，其中规定了公共文化服务“是指由政府主导、社会力量参与，以满足公民基本文化需求为主要目的而提供的公共文化设施、文化产品、文化活动以及其他相关服务”。[②]

从事公共文化服务的主体较多，主要包括以文化馆、博物馆、研究院等为代表的政府主导的部门，例如，北京为了提升首都人民群众的基本文化需求，建立了覆盖城乡、布局合理、功能健全的街道文化服务中心网。在北京潘家园街道文化服务中心建立了6000多平方米的文化社区，其中图书馆被原文化部命名为“全国文化信息资源共享工程·公共电子阅览室示范点”，这就是以政府为主导，为广大居民开展丰富多彩的文化服务提供平台。以企业组织为代表的机构，例如，国有文艺院团体制改革是文化体制改革的中心环节，自2012年开始，为了更好地调整产业结构，提升文艺院团的内生动力，促进文化繁荣发展，全国多家文艺院团展开了“转企改制”，提高了市场适应能力，这一类则属于以企业组织为代表的机构。以公益组织为代表的非营利性社会组织，例如，广东省汕头市龙湖区小企鹅公益绘本馆和阳光文化交流中心，都是由社会力量发起并运营的文化类社会组织，注册登记为非营利性社会组织，为当地居民提供书法培训、音乐培训等服务，弥补了当地公共文化服务资源的不足。以基于兴趣爱好而形成的自发群体组织，例如居民常见的舞龙舞狮队、健美操队等活跃在社区、乡村等，更贴近群众。

比较中外社会公共服务体系，可发现各国对社会公共服务的投入之大都促进了其文化事业的繁荣发展。美国实行国家艺术理事会制，通过建立艺术基金会来服务文化对象。英国建立由政府和民间共建的分权化公共文化服务模式，建立完整严密的文化服务评价体系和管理体制。日本建立了

① 张玮玲、崔娜．公共文化服务理论与实务 [M]. 宁夏：宁夏人民出版社 .2014:2.

② 中华人民共和国公共文化服务保障法 [M]. 中国民主法制出版社 .2016:2.

由社区组织“公民馆”提供的文化公民活动，提升了居民的社区参与度和幸福感。近年来，我国提高文化软实力，深化文化体制改革，完善文化管理体制，加快构建把社会效益放在首位、社会效益和经济效益相统一的体制机制，推动文化事业全面繁荣、文化产业快速发展，不断丰富人民精神世界、增强人民精神力量，推动公共文化服务标准化、均等化，坚持政府主导、社会参与、重心下移、共建共享，完善公共文化服务体系，提高基本公共文化服务的覆盖面和适用性，切实保障人民群众基本文化权益。大力推动文化领域供给侧结构性改革，推动文化产业高质量发展，健全现代文化产业体系和市场体系，推动各类文化市场主体发展壮大，培育新型文化业态和文化消费模式，增强文化整体实力和竞争力。

（二）公共文化服务的标准化、均等化

党的第十六届六中全会提出“基本公共服务均等化”，2012年发布《国家基本公共服务体系“十二五”规划》，党的十八大报告提出至2020年“基本公共服务均等化总体实现”的要求，党的十九大明确将“基本公共服务均等化基本实现”作为基本实现社会主义现代化的目标之一，2017年国务院印发《“十三五”推进基本公共服务均等化规划》。这一系列制度决策充分体现了党和国家要进一步解决人民日益增长的美好生活需要和不平衡不充分的发展之间的矛盾。目前，我国已初步构建起覆盖全民的国家基本公共服务制度体系，各级各类基本公共服务设施不断改善，国家基本公共服务项目和标准得到全面落实。然而，我国目前仍存在基本公共文化服务不均等、不充分等问题，因此制定国家层面的公共文化服务的标准，可以更好地补齐短板、查漏补缺、保障底线，保障好每一个公民的基本权益。近年来，文化和旅游部、各省市将公共文化服务的标准化、均等化作为课题深入研究实践，形成了标准体系。标准体系主要包括公共文化服务保障标准、技术标准、评价标准。通过建立标准化试点、制定指导标准、推动地方落实、加强工作监督等，积极推动公共文化服务标准化、均等化，初步形成了由基本公共文化服务保障标准、公共文化服务技术标准、公共文化服务评价标准组成的标准体系，同时围绕标准体系指导各级政府、相关部门、公共文化机构科学规范、积极主动地开展和参与公共文化建设，提高服务效能，为广大群众提供可选择、可量化、可考评的优质公共文化服务。

2015年，文化部推动制订了《国家基本公共文化服务指导标准（2015—2020年）》，作为中共中央办公厅、国务院办公厅《关于加快构建现代公共文化服务体系的意见》附件印发。国家基本公共文化服务标准以人民群众基本文化需求为导向，围绕看电视、听广播、读书看报、参加公共文化活动等群众基本文化权益，根据国家经济社会发展水平和供给能力，明确国家基本公共文化服务的内容、种类、数量和水平，以及应具备的公共文化服务基本条件和各级人民政府的保障责任，明确政府保障底线，做到保障基本，统一规范。①

文化志愿服务作为公共文化服务的一种可参照公共文化服务指导标准，为广大人民群众提供更多优质的文化服务。

① 健全基本公共文化服务标准体系：定杠杠，强基层 [EB/OL].http://www.ceh.com.cn/shpd/2019/07/1145087.shtml，2019-1-30.

第三节　文化志愿服务的基本概念

※

一、文化志愿服务的含义

党的十九大报告指出："发展中国特色社会主义文化，就是以马克思主义为指导，坚守中华文化立场，立足当代中国现实，结合当今时代条件，发展面向现代化、面向世界、面向未来的，民族的科学的大众的社会主义文化，推动社会主义精神文明和物质文明协调发展。"[①]这给建设社会主义文化强国提出了基本的要求和方向。当今时代，文化面临着前所未有的挑战，各种思想文化交融频繁、相互激荡，文化交锋日渐尖锐，文化霸权主义仍在渗透。与此同时，综合国力的强盛、科学技术的进步、文化产业的兴起和对外文化交流的促进都给文化发展提供了新的机遇。

为了更好地发挥文化惠民、文化扶贫的政策，通过持续的文化建设和文化服务使百姓满足其日益增长的物质和精神文明需求，近年来，国家与社会组织支持的公益性文化单位提出了"文化惠民"政策，为公民提供了完善的服务项目和丰富的服务内容。向公众提供免费或者优惠的文艺演出、陈列展览、电影放映、广播电视节目收听收看、阅读服务、艺术培训

①决胜全面建成小康社会，夺取新时代中国特色社会主义伟大胜利——在中国共产党第十九次全国代表大会上的报告 [EB/OL].http://www.xinhuanet.com/2017-10/27/c_1121867529.htm, 2017-10-18.

等都为公众开展文化活动提供了支持和帮助。这其中既有国家鼓励经营性的文化单位参与，也有公益性文化单位，更有公民主动参与的文化志愿服务。

文化志愿服务是志愿服务的一种，是指志愿者不以物质报酬为目的，利用自己的时间、文艺知识、文艺技能等自愿为社会和他人提供公益性文化艺术服务和帮助的服务活动。与普通志愿服务的不同之处在于，文化志愿服务的专业性更强，强调公益文化艺术服务，主要依托公共文化设施来开展文化展演、展示、展览和讲座论坛等活动。文化志愿者是志愿者群体的重要组成部分，除了具备一般志愿者的基本技能外，更要具有文化艺术特长，依靠某一文艺门类为他人提供志愿服务和帮助。与此同时国家倡导和鼓励文化志愿服务，依据《中华人民共和国公共文化服务保障法》的规定，“国家倡导和鼓励公民、法人和其他组织参与文化志愿服务。公共文化设施管理单位应当建立文化志愿服务机制，组织开展文化志愿服务活动。县级以上地方人民政府有关部门应当对文化志愿活动给予必要的指导和支持，并建立管理评价、教育培训和激励保障机制”。[①]

二、文化志愿服务的特征

文化志愿服务是为提高全民文化素质、传播先进文化、满足人民群众文化需求、保障各种文化权益所形成的公共文化产品和服务。因此文化志愿服务具有以下特征：

（一）服务目的公益性

文化志愿服务与其他志愿服务一样，不以营利为目的，例如志愿者在开放的图书馆、博物馆等提供免费的文化服务，正是让更多的公民能够有机会走近文化，从而提升文化素质。文化志愿服务同时也是扶贫救困的重要形式，例如文化扶贫、三下乡演出等都是为社会弱势群体提供服务的常见方式，这同时也体现了服务目的公益性。

① 中华人民共和国公共文化服务保障法．中国民主法制出版社 [M].2016:10–11.

（二）服务内容多样化

由于文化包罗万象、文化服务业涉及范围较广，因此文化志愿服务形式也多种多样。主要是与传统节日、风俗习惯、休闲娱乐、文化遗产保护等结合，为公民提供参与文化生产、服务文化活动、提供文化服务的平台。服务的内容大致分为：群体文体活动、文物及非物质文化遗产保护、公共场馆服务等。

群体文体活动，指对各种主要由城乡群众参与的文艺类演出、比赛、展览等公益性文化活动的管理活动。文物及非物质文化遗产保护，指对具有历史、文化、艺术、科学价值，并经有关部门鉴定，列入文物保护范围的不可移动文物的保护和管理活动；对我国口头传统和表现形式，传统表演艺术，社会实践、仪式、节庆活动，有关的自然界和宇宙的知识和实践，传统手工艺等非物质文化遗产的保护和管理活动。公共场馆服务，指对图书馆、档案馆、博物馆、艺术馆、展览馆、纪念馆等管理和服务。[①]

（三）服务对象公平化

习近平总书记多次提出“共享发展”的理念，共享发展就是要使全体人民在共建共享发展中有更多获得感，增强发展动力，增进人民团结，朝着共同富裕方向稳步前进。共享理念就是要保障全体公民都有同等的机会和权利享受我国社会主义改革发展成果，在过程中体现权利公平、规则公平、机会公平。文化志愿服务的对象涉及不同群体，这就要考虑到不同群体的文化需求，城乡社区居民、农民、老年人、残疾人等等都有针对性和多样性的公共文化服务，因此文化志愿服务也要有与之相配的文化设施和文化资源。除了资源布局的公平外，公民获取文化服务的时间和频次也应该有所保障，公民有同等权利与机会接受公共文化服务，保障人民群众的根本文化权益，因此公共文化服务具有公平性，同时也是保障文化发展和公平正义的重要举措。

（四）服务设施覆盖广

提供文化志愿服务的设施覆盖面十分广泛，包括服务的建筑物、场地和设备，统称为公共文化设施，主要有“图书馆、博物馆、文化馆

---

① 据国家统计局《文化及相关产业分类（2018）》（2018 年 4 月）.

（站）、美术馆、科技馆、纪念馆、体育场馆、工人文化宫、青少年宫、妇女儿童活动中心、老年人活动中心、乡镇（街道）和村（社区）基层综合性文化服务中心、农家（职工）书屋、公共阅报栏（屏）、广播电视播出传输覆盖设施、公共数字文化服务点等”。[①]

三、文化志愿服务的社会功能

志愿服务对社会建设具有推动作用，具有社会功能。志愿服务具有志愿性、奉献性、服务性，对政治参与、经济发展、文化繁荣、社会和谐、环境美好都具有无法替代的意义。文化志愿服务作为志愿服务的一种，除了具有志愿服务的社会功能之外，也因其独特的文化属性和文化技能而具有更独特的社会功能。文化志愿者是文化公共服务场所与公众搭建的文化桥梁，既反映了一个地区的精神文明建设，也反映了社会精神文明程度的加深。志愿服务和志愿服务催生的文化已经成为社会的新风尚，文化志愿服务则在其中发挥了更多的作用。

（一）文化志愿服务推动了文化建设的繁荣发展

习近平总书记指出：“历史和现实都证明，中华民族有着强大的文化创造力。每到重大历史关头，文化都能感国运之变化、立时代之潮头、发时代之先声，为亿万人民、为伟大祖国鼓与呼。”中国特色社会主义道路自信、理论自信、制度自信为文化自信提供了坚实基础，催生了文化自信。在当今世界发展变换的交汇期，国家和人民文化自信的构建是底气也是融入世界、应对机遇的法宝。“文化是民族的血脉，是人民的精神家园。”要满足人民群众不断增长的文化需求，提高全民族的科学文化素质，单靠公益性文化机构的从业人员是远远不够的，必须有更多的人参与其中，文化志愿者便是公益文化服务队伍最好的补充力量。文化志愿服务是我国文化建设的有效补充，文化志愿服务连接着热爱文化艺术的志愿者和服务对象，贯穿在覆盖广泛的公共文化服务设施，文化志愿服务的全流程基本可以贯穿文化产业和文化服务业。有文艺特长和高素质的文化志

① 中华人民共和国公共文化服务保障法 [M]. 中国民主法制出版社 .2016:4.

愿者形成的文化志愿服务创造了良好的氛围，使更多群体主动参与文化吸收、文化传播、文化建设中来，为中国特色社会主义文化奠定了群众基础，赋予了活力，在政府主导参与、社会组织推动和公民持续服务中，盘活了文化体系网，促进文化价值不断完善。通过志愿服务，志愿者将中华传统文化、革命文化和社会主义先进文化传播了更多人，以更“接地气”的形式，推动文化的建设，号召人们从自我做起，从身边做起，为文化建设提供持久动力。

（二）文化志愿服务提升了人民群众的幸福感

文化志愿者服务深入基层，推动公共文化服务均等化发展。党的十九大报告中明确提出，要进一步深入实施文化惠民工程，丰富群众性文化活动。文化惠民，重在基层。因此组织引导文化志愿者将重点放在基层，组织更多接地气的文化惠民活动，为文化服务两端提供更多有效精准对接，更好地服务人民日益增长的美好生活需要尤其是人民群众的精神需求。文化志愿者在基层公共文化设施、广大群众中广泛开展文艺演出、文化艺术知识普及教育、文化艺术技能辅导、文化展览展示等形式多样的文化志愿服务活动，提高公共文化服务能力，进一步引导基层群众创造文化、参与文化、享受文化，以逐步实现公共文化服务均等化，推动全民文化素质的明显提升。文化志愿者与群众的深入交流，能有效缓解文化建设工作人员的压力，更能精准对接人民群众的文化需求，提高了文化传播效率。文化志愿者的参与使文化传播分层分类进行，既拓宽了范围，也丰富了形式，满足不同群体的需求，更有利广泛地传播中华民族传统文化。参与志愿服务本身也是一种提升幸福感和获得感的途径，志愿服务本身具有社会教化功能，文化志愿服务让志愿者发挥了文艺才能，满足了服务对象的精神需求，从而提升人民群众的幸福感。

（三）文化志愿服务开拓了志愿服务的广度深度

尽管我国对社会公共文化提出了标准化、均衡化的建设目标，但弱势群体、老年人、偏远山区农民等还不能得到完全的覆盖，开展老年人文化艺术服务、乡村文化艺术服务，通过评比、帮扶、宣传、推广等形式，将文化志愿服务与为老服务、乡村振兴发展等相结合，开拓了志愿服务的广度深度，更好地实现志愿服务的整合作用。文化贫困在脱贫攻坚中是亟须解决的问题。“文化志愿服务从根本上扶的是人的观念、意识、态度。承载中华优秀传统文化的展览、讲座可以使人开阔眼界、获取知识，尤其是形态活泼、互动性强的教育活动可以唤起人的参与意识，柔化心中最冷漠的部分，在这些优秀文化的引领下，人会逐渐摒弃对生活的消极态度，获得改变行为的动力。”[①]文化志愿服务在一定程度上可带动地区间资源共享，建立对偏远地区、边疆地区的文化帮扶长效机制，用文化活力促进经济发展。

① 刘玥彤．博物馆文化志愿服务的实践与思考——以“春雨工程”文化志愿服务项目为例 [J]. 中国国家博物馆馆刊，2019（11）:153-159.

第二章

我国文化志愿服务的发展概况

我国文化志愿服务虽开展时间不长，但发展迅速，文化志愿服务队伍建设已形成规模，文化志愿服务项目也系统有序地开展，文化志愿服务体系也已初步健全并完善。本章将从我国文化志愿服务的根本属性、发展阶段、全国层面的品牌工程和现存问题四方面介绍我国文化志愿服务的发展概况，为开展文化志愿服务提供必要的方向指引。

第一节　我国文化志愿服务的根本属性

※

我国的文化志愿服务和其他志愿服务一样都是在党的领导下开展的社会主义国家的志愿服务。不同于其他国家的志愿服务，我国文化志愿服务的根本属性是大力弘扬和传播中国特色社会主义文化，即传承中华民族传统文化、传承革命文化、发展社会主义先进文化。做好中国特色社会主义文化是对中国文化大国文化传统的创造性转化和发展，因此我国文化志愿服务的首要任务就是要聚焦思想引领，突出价值导向，以培育和弘扬社会主义核心价值观为根本，坚持把文化志愿服务建设作为调动社会力量投入公共文化服务体系建设的重要举措来抓。

我国先后开展了“春雨工程”“大地情深”“新时代文明实践中心”等品牌项目，将文化志愿服务和脱贫攻坚、乡村振兴、美丽中国、“一带一路”等国家重大发展规划紧密结合，我国的文化志愿服务长期以来围绕中心，服务大局，为经济发展、社会和谐贡献了力量。尤其是改革开放以来，遍布我国大地的广大文化志愿者和文化志愿服务组织走到贫困地区，推动扶贫扶志扶智相结合；走进社区单位，结合重大时间节点，开展丰富多彩的文化活动；走进人民群众，对接群众需求，组织喜闻乐见的文化活动。通过“接地气”的文化志愿服务，真正提升了社会主义核心价值观在人民群众中的覆盖面，促进公众自我服务、自我教育、自我提高、自我成长。

以乌兰牧骑为代表的我国文化志愿服务彰显了根本属性。早在1957年，乌兰牧骑第一支队伍建立，在党的领导下，宣传党的理论和路线方针政策，引导农牧民听党话、跟党走，“精干、队员一专多能、节目小型多样、装备轻便灵活”是乌兰牧骑的特点。乌兰牧骑后来发展为247支行业志愿服务轻骑兵，利用冬季农（牧）闲季节较长时机，深入农村牧区、社区学校、边防哨所、偏远地区和贫困地区，为基层群众提供文艺演出、理论宣讲、政策咨询、科技培训、医疗保健、以案释法等，坚持弘扬中华优秀传统文化、革命文化、社会主义先进文化，是广大农牧民感知文化的重要途径。作为全国文艺的旗帜，到最困难最偏僻的地方去为群众演出、宣传、服务，让群众感受到文化的魅力和幸福感，“红色文艺轻骑兵”正是在这样的背景下，保持鲜明底色。2017年，习近平总书记在给苏尼特右旗乌兰牧骑队员们的回信中指出：“在新时代，希望你们以党的十九大精神为指引，大力弘扬乌兰牧骑的优良传统，扎根生活沃土，服务牧民群众，推动文艺创新，努力创作更多接地气、传得开、留得下的优秀作品，永远做草原上的‘红色文艺轻骑兵’。”2019年，习近平总书记在内蒙古考察并指导开展“不忘初心、牢记使命”主题教育时强调，乌兰牧骑很接地气，群众喜闻乐见，永远不会过时。中国特色社会主义进入新时代，大力弘扬乌兰牧骑优良传统，要始终坚持党的领导，以培育和践行社会主义核心价值观为抓手，以制度化建设提升工作水平，发扬乌兰牧骑团结互助精神，更好地服务群众、服务基层。乌兰牧骑是我国文化志愿服务的标杆，乌兰牧骑的奉献精神也鼓励着广大文化志愿者继续前行。

第二节　我国文化志愿服务的发展阶段

※

我国文化志愿服务伴随着社会主义文化事业和志愿服务事业的发展而不断发展，作为社会主义现代化建设的重要补充，文化志愿服务对弘扬中华优秀传统文化、践行社会主义核心价值观、提升国民素质有着重要的作用。文化志愿服务由党和国家指导，指明正确的道路方向；需要社会层面的推动，共同营造文化氛围；需要个人素质的提升，带动文化的广泛传播。本节参考《中国文化志愿服务发展报告（2016）》《中国文化志愿服务发展报告（2018）》，梳理改革开放以来中国文化志愿服务事业发展的历史和成就，大致可以分为几个发展阶段：

一、文化志愿服务的起步探索阶段（1978—2010年）

改革开放后，具有现代意义的志愿服务活动得到逐步推进。共青团中央、民政部、中央文明办、全国妇联、中国残联等群团组织和部门较早开始志愿服务项目。1992年，共青团中央正式推出“青年志愿者”行动，1994年12月5日，中国青年志愿者协会在北京成立，随后各地建立了一系列有行业特色和地方特色的青年志愿者组织、青年志愿者服务站、青年志愿者服务队等，早期的文化志愿服务活动正是在这些组织的推动中开展的。

比如，1989年3月18日，天津市和平区成立了全国首个“社区服务志愿者协会”，协会文化传播类团队开展的志愿服务成为文化志愿服务的雏形。1993年12月，共青团厦门市委建立了福建第一支青年志愿者服务队——厦门市青年志愿者筼筜治安分队，随后催生了各类志愿服务团队，其中具有文化特长的志愿者就是文化志愿者的雏形。

随后，志愿服务活动在全国城市和乡村都得到了快速发展。随着国家对文化建设的日益重视，文化馆、博物馆、图书馆等公共文化服务和公共文化场所越来越多地满足人们对高雅文化的需求，但由于文化场馆、文化研究、文化传播的人力物力还很有限，这就需要扩大服务的来源，通过招募文化志愿者来解决供需矛盾。“中国青年志愿者协会”在成立初期就在国内多家公共图书馆组织开展多项志愿服务活动。1995年广州少年儿童图书馆招募学生志愿者协助图书馆开展服务工作；1996年福建省图书馆建立了一支专业化的志愿者队伍开展图书馆志愿服务工作；此后，北京、河北、广东、浙江、上海等十多家省市各类图书馆先后开展了志愿者活动；1998年山东博物馆志愿讲解员小分队被视为是较早的博物馆文化志愿服务队伍；2002年国家博物馆开始向社会招募志愿服务人员；2003年湖南省博物馆招募文化志愿者，辽宁省图书馆成立文化志愿者协会，青岛市以当地文化系统各专业团体中的骨干力量为主，组建了该市的第一支文化志愿者队伍。2007年，中办、国办发布《关于加强公共文化服务体系建设的若干意见》，2008年中宣部、财政部、文化部和国家文物局联合发布《关于全国博物馆、纪念馆免费开放的通知》，这些举措为公共文化场所探索文化志愿服务提供了基础，也进一步推动了公共文化服务的探索和实践。[①]

繁荣乡村文化的乡村文化志愿服务也同期开展，1996年12月，中宣部、国家科委、农业部、文化部等十部委联合下发《关于开展文化科技卫生“三下乡”活动的通知》，将图书报刊、电影电视、送戏下乡作为开展群众性文化下乡活动的主要内容与形式，各级各部门利用文化馆、群艺馆、图书馆等资源，为农民提升文化素养。文艺工作者则将文化工作和农民服务结合起来，解决农民的文化需求。“文化下乡”这一活动一直延续

① 文化志愿服务：推动公共文化服务迈上新阶段 [EB/OL].http://www.chinafabu.com/a/sytbbd/20161216/7600.html.

至今，并由此衍生出一系列富有特色的乡村志愿服务品牌。

二、文化志愿服务的组织化推进阶段（2010—2014年）

随着文化事业的繁荣，各地都开展具有其特色的文化志愿服务。自2010年以来全国层面开始了文化志愿服务。在文化部和中央文明办的大力倡导和推动下，以“春雨工程”——全国文化志愿者边疆行活动为代表，拉开了开展全国性文化志愿服务活动的序幕，将全国文化志愿服务带入了组织化推进阶段。

为贯彻落实党中央、国务院西藏、新疆工作座谈会的精神，进一步完善文化援助和帮扶机制，2010年，文化部实施“春雨工程”——全国文化志愿者边疆行活动，在这个活动中首次使用了“文化志愿者”的概念，组织北京市、浙江省、重庆市和福建省四地的文化工作者组成文化志愿者团队，以大舞台、大讲堂、大展台三种基本形式，展开了内地与边疆民族地区的文化交流。2011年，十七届六中全会发布了《中共中央关于深化文化体制改革推动社会主义文化大发展大繁荣若干重大问题的决定》，鼓励广泛开展群众性文化活动，搭建公益性文化活动平台，文件指出：“广泛开展群众性文化活动，提高社区文化、村镇文化、企业文化、校园文化等建设水平，引导群众在文化建设中自我表现、自我教育、自我服务。积极搭建公益性文化活动平台，依托重大节庆和民族民间文化资源，组织开展群众乐于参与、便于参与的文化活动。”中央文件中还首次使用了“文化志愿者”概念，指出“壮大文化志愿者队伍，鼓励专业文化工作者和社会各界人士参与基层文化建设和群众文化活动，形成专兼结合的基层文化工作队伍”。①

到2012年12月4日，时任文化部部长蔡武在全国文化志愿服务工作会议上介绍：“我国文化志愿服务组织框架已初步建立，文化志愿者已成为推动基层文化建设的重要补充力量。”据不完全统计，截至2012年12月，全国共组建文化志愿服务团队2000多支、登记在册文化志愿者人数突破30

① 中央关于深化文化体制改革若干重大问题的决定 [EB/OL].http://www.gov.cn/jrzg/2011-10/25/content_1978202.htm, 2011-10-26.

万。该规模还在不断增加，文化品牌不断涌现，例如，北京市密云区文化志愿者服务分中心的“暖心工程”、北京市东城区文化志愿者分中心的“快板沙龙”、山西省群众艺术馆的“手牵手让梦想成真”公益活动、辽宁省图书馆的“对面朗读”、长春图书馆“义务小馆员”、天津市和平文化宫的“心目影院”、上海市东方社区文化艺术指导中心的“百姓家门口的文化使者”、河南省周口市文化局的“周末一元剧场”、山东省青岛市文化广电新闻出版局“艺润心田”文化志愿者行动等。①

2013年由文化部、中央文明办联合推动的“文化志愿者基层服务年”系列活动，继续实施“春雨工程”——文化志愿者边疆行活动并启动了“大地情深”——国家艺术院团志愿服务走基层的系列活动，“春雨工程”和“大地情深”2项示范活动首次从全国层面上带动了文化志愿服务的实践。“3年来，各地共有50多支志愿团招募了2000多名文化志愿者，面向边疆民族地区开展文化服务，先后组织文艺演出450多场、业务培训2000多学时、文化展览600多天，惠及群众达数十万人次。”②

2013年5月23日，中国文艺志愿者协会（China Literary and Art Volunteers' Association，CLAVA）在北京成立，该协会是由文艺志愿者、文艺志愿服务组织以及关心支持文艺志愿服务事业的单位或组织自愿组成的全国性、联合性、非营利性社会组织，是中国文学艺术界联合会团体会员，该协会团结凝聚各门类的文艺家、文艺工作者以及文艺爱好者投身文艺志愿者行列，广泛开展慰问演出、辅导培训、展览展示、文艺支教、文

① 蔡武：我国文化志愿服务组织框架已初步建立[EB/OL].http://www.gov.cn/jrzg/2012-12/04/content_2282304.htm, 2012-12-4.

② 同上。

艺扶贫、文艺助残、群众文艺等各类文艺志愿服务活动和项目，组织开展文艺志愿服务理论研究和交流合作。

2014年，文化部、中央文明办联合启动“文化志愿服务推进年”，发布了“中国文化志愿者”标识，推出了“文化志愿者注册服务证”。“中国文化志愿者”标识寓意“绽放之时”，整体造型是一朵盛开的花朵，由5个变形的“文”字相互连接构成，融合了汉字、心形和中国结等元素，寓意文化志愿者心手相连，传播中华民族优秀文化，弘扬“奉献、友爱、互助、进步”的志愿精神，让幸福之花绽放在祖国的每一个角落。[①]“文化志愿服务推进年”进一步推动了文化志愿服务的组织化和制度化。据文化部统计，2014年全国共开展基层文化志愿服务活动31万多次，服务群众8700多万人次。“春雨工程”“大地情深”两项示范活动共对接实施了140个项目，5000多名文化志愿者深入城乡基层，举办各类演出、讲座和展览500多场，直接受益群众人数达50多万。

三、文化志愿服务的成熟繁荣阶段（2015年以后）

十八大和十八届三中全会提出要建立健全志愿服务制度，在2014年中央精神文明建设指导委员会发布《关于推进志愿服务制度化的意见》后，文化志愿服务制度化、规范化、常态化发展同样亟须推进。2015年1月15日，中共中央办公厅、国务院办公厅印发了《关于加快构建现代公共文化服务体系的意见》，提出要大力开展志愿服务工作，具体为“大力弘扬志

① 中国文化和旅游部.中国文化志愿者标识下载地址[EB/OL].https://www.mct.gov.cn/whzx/ggtz/201403/t20140325_695364.htm, 2014-3-25.

愿服务精神，坚持志愿服务与政府服务、市场服务相衔接，奉献社会与自我发展相统一，社会倡导和自愿参与相结合，构建参与广泛、内容丰富、形式多样、机制健全的文化志愿服务体系”，为今后文化志愿服务提出了工作方向和具体任务。

2015年1月20日，文化部召开了2015年全国文化志愿服务工作推进会议，全国共有各类文化志愿服务团队6700多支，登记在册的文化志愿者人数突破百万，文化志愿服务形成了良好的发展势头；并将2015年确定为“文化志愿服务制度建设年”，提出要“完善文化志愿者注册招募、服务记录、管理评价和激励保障机制”，从而进一步肯定了文化志愿服务制度化建设对于构建文化志愿服务体系的重要意义，明确了相关具体建设要求。2015年4月出台的《第三批国家公共文化服务体系示范区（项目）创建标准》进一步强化和细化了对文化志愿服务工作的要求。在创建标准的引导下，各地积极创新实践，涌现出了一批具有创新性和示范意义的文化志愿服务活动品牌和示范项目。

2016年12月，中宣部、中央文明办等7部门印发《关于公共文化设施开展学雷锋志愿服务的实施意见》，明确提出到2020年，基本建成公共文化设施志愿服务组织体系、志愿服务项目体系和志愿服务管理制度体系。《实施意见》指出，稳步推进公共文化设施志愿服务站点建设，广泛吸引志愿者参与文化志愿服务，发展壮大学雷锋志愿服务队伍；建立健全公共文化设施志愿服务制度，做好志愿者招募和注册，加强志愿者培训和管理，健全志愿服务考核激励机制，加强志愿服务保障和支持，推动公共文化设施志愿服务活动广泛开展，成为全社会学雷锋志愿服务的品牌、传承和弘扬中华优秀传统文化的窗口、培育和践行社会主义核心价值观的重要阵地。[①]

2017年3月1日，《中华人民共和国公共文化服务保障法》开始实行，对加强公共文化服务体系建设，丰富人民群众精神文化生活，传承中华优秀传统文化，弘扬社会主义核心价值观，增强文化自信，促进中国特色社会主义文化繁荣发展，提高全民族文明素质起到了推动的作用，从立法角

① 中宣部、中央文明办等 7 部门印发《关于公共文化设施开展学雷锋志愿服务的实施意见》[EB/OL]. http://www.gov.cn/xinwen/2016-12/04/content_5142828.htm, 2016-12-4.

度更加强调了公共文化服务的重要性。

为贯彻党的十九大精神，落实中宣部、中央文明办等7部门《关于公共文化设施开展学雷锋志愿服务的实施意见》有关要求，2018年文化志愿服务工作的十大重点任务是“春雨工程”——全国文化志愿者边疆行活动；“阳光工程”——中西部农村文化志愿服务行动计划；公共图书馆志愿服务活动；文化馆（站）志愿服务活动；博物馆志愿服务活动；美术馆志愿服务活动；关爱重点群体文化志愿服务活动；节日纪念日文化志愿服务活动；企业文化志愿服务活动；乡镇、村学校文化志愿服务活动。十个重点品牌任务进一步扩大了文化志愿服务的社会影响力。[①]2018年7月6日，中央全面深化改革委员会第三次会议审议通过了《关于建设新时代文明实践中心试点工作的指导意见》，首批新时代文明实践中心在全国12个省（市）的50个县（市、区）开展试点，并形成了省、市、县三级覆盖的中心、站、所三级组织网络体系。新时代文明实践中心推动了文化志愿服务向更有体系、更加规范的方向发展。

2019年，文化和旅游部、中央文明办印发《2019年文化和旅游志愿服务工作方案》。《方案》指出，将重点实施三大工程，即：“春雨工程”——全国文化和旅游志愿服务行动计划、“阳光工程”——中西部农村文化志愿服务行动计划、“圆梦工程”——农村未成年人文化志愿服务计划。文化志愿服务进一步立足群众需求，将志愿服务资源加以整合，以项目化的方式推动常态化和规范化。

2015年以来，我国的文化志愿服务涌现出了以“春雨工程”“阳光工程”等为代表的全国层面的志愿服务品牌，每年由文化和旅游部、中央文明办评选文化志愿服务典型学雷锋志愿服务“四个100”先进典型活动，极大推动了文化志愿服务的品牌效应。例如北京怀柔区文化志愿者开办的“流动戏院”免费走村串乡送演出；江苏盐城市图书馆发起组建图书馆公益联盟，组织文化志愿者参与捐书、帮困、助学等慈善公益活动；广西壮族自治区博物馆“小桂花”志愿者团队结合博物馆实际，开展展览讲解、社会教育、平面设计、文字翻译、资料整理、社区服务、可移动文物普查

① 文化和旅游部中央文明办关于开展 2018 年文化志愿服务工作的通知 [EB/OL].http://www.gov.cn/xinwen/2018-05/31/content_5295091.htm, 2018-5-31.

等服务，并走进学校、社区、乡村、军营开展服务等，这些品牌志愿服务大多坚持多年，并持续创新发展，拓展了文化志愿服务的平台，展现了文化志愿者的志愿价值。文化志愿服务已经成为志愿服务体系和建设新时代中国特色社会主义文化不可或缺的重要组成部分，发挥着巨大的作用。

第三节　全国层面的文化志愿服务品牌工程

※

一、“春雨工程”——全国文化志愿者边疆行活动、全国文化和旅游志愿服务行动计划

2010年“春雨工程——全国文化志愿者边疆行”试点活动，首批试点福建、重庆、北京、浙江为西藏和新疆地区提供文化志愿服务。为深入贯彻落实党的十七届六中全会通过的《中共中央关于深化文化体制改革推动社会主义文化大发展大繁荣若干重大问题的决定》有关精神，加大对民族地区、边疆地区、贫困地区文化服务网络建设支持和帮扶力度，2012年4月10日，文化部印发《“春雨工程”——全国文化志愿者边疆行工作实施方案》。方案提出“春雨工程”通过大力开展对边疆民族地区的文化志愿服务活动，建立一支热心公益、素质优良、结构合理、积极奉献的文化志愿者队伍，推出一批惠及边疆民族地区人民群众的文化志愿服务品牌活动，形成一套设计科学、行之有效的文化志愿服务机制，不断深化内地与边疆文化交流，着力拓宽文化帮扶和文化援助渠道，积极促进边疆民族地区公共文化服务体系建设。20个内地省市及文化部相关直属单位为11个边疆省（区）和新疆生产建设兵团开展各类文化志愿服务活动，主要活动形式为“文化志愿者边疆行大舞台”“文化志愿者边疆行大讲堂”“文化志愿者

边疆行大展台”等。从2019年起，“春雨工程”——全国文化志愿者边疆行活动调整为“春雨工程”——全国文化和旅游志愿服务行动计划，以项目运作的方式实施，组织志愿服务团队和志愿者，将新时代文明实践中心建设试点县（市、区）、贫困地区农村作为重点服务区域，围绕老年人、未成年人、农民工和残疾人等重点群体，结合节日纪念日，积极开展形式多样的志愿服务活动，努力在全社会营造向上向善、互帮互助的良好风尚。主要包括新时代文明实践中心、边疆民族地区志愿服务、基层公共文化机构志愿服务和文明旅游志愿服务。工程实施10年来，以生动鲜活的文化艺术形式满足边疆地区各族群众的精神文化需求，丰富边疆地区公共文化服务的层次和内容，让边疆各族人民共享文化发展成果。例如，海南省群众艺术馆举行海南文化志愿者贵州行暨“魅力海南”摄影作品展，江苏文化志愿者甘南行等等。

二、“大地情深”——国家艺术院团（馆）志愿服务走基层活动

2013年，文化部在“春雨工程”的基础上开展了“大地情深”——国家艺术院团（馆）志愿服务走基层活动。“大地情深”以国家艺术院团为志愿单位，以国家公共文化服务体系示范区和示范项目（创建）城市为主要服务地区，通过举办公益性演出、艺术辅导和展览，将高雅艺术引入公共文化服务领域。故宫博物院、国家京剧院、中国国家话剧院、中国歌剧舞剧院、中国东方演艺集团有限公司、中国交响乐团等国家艺术院团（馆）作为志愿单位，赴全国国家公共文化示范创建城市开展展览、舞台演出、辅导培训等志愿服务活动，以低票价吸引百姓欣赏艺术、享受艺术，将高雅艺术引入公共文化服务领域。除了将文化送到城乡，“大地情深”还在服务地创排具有地方和民族特色的文艺节目，培养文艺人才，提高当地文化队伍水平。近年来，“大地情深”——国家艺术院团（馆）志愿服务走基层活动作为文化惠民工程，汇聚优质资源，推进公共文化服务体系建设，满足群众对高雅文化的追求。例如中国儿童艺术剧院走近海南海口、琼海、文昌、三沙演出儿童剧《时间森林》等，国家京剧院将现代京剧《党的女儿》《名剧名段演唱会》《红灯记》等带到抚州、泸州等等。

三、“阳光工程”——中西部农村文化志愿服务行动计划

2016年，文化部、中央文明办组织开展了“阳光工程”——中西部农村文化志愿服务行动计划，在中西部22个省区市和新疆生产建设兵团选派1200名文化志愿者驻村开展服务，配备到1200个行政村，开展为期一年的文化志愿服务。服务内容包括：宣传党的路线、方针、政策，弘扬社会主义核心价值观，组织开展移风易俗等精神文明创建活动；协助村委会做好新时代文明实践站相关工作；组织开展村民喜闻乐见的演出、阅读、讲座等文化活动；管理和维护村级文化活动室、图书室（农家书屋）、文化信息资源共享工程服务点等公共文化设施；辅导和培训本村群众文艺骨干和文艺爱好者；配合当地政府和文化行政部门，积极做好文化遗产的宣传和保护、文化市场管理、农村文化产业发展、乡村旅游发展等工作。近年来，“阳光工程”——中西部农村文化志愿服务行动计划极大繁荣了农村文化事业，壮大了农村文化志愿队伍，丰富了农村群众的精神文化生活。在“阳光工程”的带动下，许多农村群众获得了自我教育的机会，也纷纷加入文化志愿服务队伍中，拓展志愿服务项目，使文化的阳光洒向更多的乡村和百姓。

四、“圆梦工程”——农村未成年人文化志愿服务计划

文化和旅游部发布“圆梦工程”——农村未成年人文化志愿服务计划，2019年作为重点实施工程之一深入开展服务。该计划由中西部22个省区市文化和旅游厅局、新疆生产建设兵团文化体育新闻出版广电局指导项目实施地区的县级文化和旅游行政部门，招募610名有一定教学能力且热心社会公益的当地文化能人、文艺骨干、非遗传承人作为文化志愿者，根据乡村学校少年宫的活动安排和具体需求，定期对乡村学校少年宫学生开展艺术培训和辅导，提高贫困地区未成年人的文化艺术素养，丰富其精神文化生活。“圆梦工程”——农村未成年人文化志愿服务计划给更多文艺志愿者创造平台，对农村未成年人开展文化志愿帮扶活动。

五、“新时代文明实践中心”

习近平总书记在全国宣传思想工作会议上强调，要推进新时代文明实践中心建设，不断提升人民思想觉悟、道德水准、文明素养和全社会文明程度。建设新时代文明实践中心，是党中央对宣传思想文化和精神文明建设工作作出的一次重要部署，关系推动习近平新时代中国特色社会主义思想往深里走、往心里走、往实里走的大局，关系乡村全面振兴和培养时代新人的重任，关系彻底打通群众工作“最后一公里”目标的实现。构建“实践中心—实践分中心—实践站（所）”三级组织体系，形成新时代文明实践合力。依托志愿服务队伍和志愿者，组建政治过硬、素质优良、结构合理、专兼结合的文明实践队伍，重点用好文化艺术人才、民间文艺骨干、非物质文化遗产传承人、农村致富能手以及优秀法律从业者、科技人才、医务工作者等各类专家人才，做好传文化、传技能、传知识等工作。目前新时代文明实践中心已基本形成了省、市、县三级覆盖的中心、站、所三级组织网络体系。以全国新时代文明实践中心试点南京市江宁区为例，4万多名志愿者参与其中，先后开展了“我们的节日送福、送文化”、基层党员冬训理论宣讲、新春扫雪防冻、“学雷锋日”、植树日、“移风易俗传文明绿色清明树新风”等系列实践活动，部分街道还开展粉刷村墙、塑造村容村貌、建设村史馆、发扬特色文化项目、传承优秀传统文脉、保留乡村记忆等文化志愿服务。

新时代文明实践中心
XIN SHI DAI WEN MING SHI JIAN ZHONG XIN

实例分享2-1

新时代文明实践研究与发展中心志愿服务项目①

一、实施组织概况

江苏师范大学团委联合贾汪区人民政府构建国内首个新时代文明实践研究与发展中心，以服务徐州市贾汪区为主，该项目包含了“五禽操”健身体育教学推广志愿服务项目、乡村儿童“U-G-P”阅读成长协同计划项目、“无线电小组”科技下乡志愿服务项目、“瑾初”四点半课堂志愿服务项目、“绘美新时代”文化艺术宣传推广志愿服务项目、马庄村香包文化创意设计推广志愿服务项目、潘安湖湿地生态保护志愿服务项目等品牌。

二、项目实施方案

1.项目背景及独特性

贾汪区是全国首批50家新时代文明实践中心试点单位，江苏师范大学亦具有独特的志愿服务工作优势。作为国内首个校地共建的新时代文明实践研究与发展中心，其开创性地推出了“全链条”的文明实践智力支持及项目供给，“文明实践+”的创新工作理念，“双中心”的志愿服务工作运行机制和“订单式”的志愿服务开展模式。

2.项目主要内容

面向贾汪区新时代文明实践相关工作人员、当地群众开展新时代文明实践工作专题培训指导，针对新时代文明实践各项重点问题开展专题调研，面向当地群众开展习近平新时代中国特色社会主义思想宣讲、文化科技宣教、艺术宣教、生态文明宣教、关爱留守儿童、支教、“五禽操”健身体育推广、助力乡村振兴等志愿服务工作，联合贾汪区开展新时代文明实践各类宣传工作。项目周期9个月，服务受益对象一万人左右。

3.项目已取得成效及社会现实意义

新时代文明实践研究与发展中心已为贾汪区新时代文明实践工作提供

① 江苏文明网．新时代文明实践研究与发展中心志愿服务项目[EB/OL].http://wm.jschina.com.cn/18852/4th/cultrue/201907/t20190710_6256811.shtml.

专题指导与培训5次；开展专项工作调研8次，撰写完成当地文明实践调研研究报告6篇，为当地开展文明实践工作提供了有力指导；双方合作建设志愿服务队10支，招募志愿者200多名，开展文化支教、"五禽操"健身体育教学、家电维修、文化艺术宣传等志愿服务30余次；项目直接服务群众近万人。

第四节　我国文化志愿服务存在的问题

※

近年来我国文化志愿服务活动和品牌项目质量不断优化，文化志愿服务志愿者的数量和水平也不断提升。但是由于起步晚、发展不均等等原因，我国文化志愿服务仍然存在很多问题。

一、我国文化志愿服务尚需提升发展层次

随着北京奥运会、汶川地震、新冠肺炎疫情等重大事件的发生，志愿服务作为有效的第三方补充不断彰显其价值，受到了社会的认可，但是我国志愿服务仍需进一步提升，《志愿服务条例》2017年颁布，志愿服务相关法律还在加快推进中，大众对于志愿服务的认识更多在于关注其产生了多少社会价值，对志愿服务的内在价值研究得还不多。而作为更加新兴的文化志愿服务来说，同样处在发展阶段，文化志愿服务伴随着社会主义文化建设而不断繁荣，也随着中国特色社会主义文化的不断充实而更新。党的十八大提出我国要从文化大国转向文化强国，因此文化要不断提升创新活力才可以更加繁荣，面临我国地大物博、文化多元的情况，要想推进文化改革、培育文化优势、壮大文化力量，文化志愿服务作为有效补充更是需要永葆创新。另外，志愿服务种类繁多，但在大众认知中，志愿服务多

在扶贫济困等方面有用武之地，或者志愿服务只是闲来无事的人做的事等等。在对文化繁荣方面，志愿服务相比于政府主导的力量还很薄弱，文化志愿服务仅仅作为“锦上添花”的作用，而不是必须和必要的。因此，群众对文化志愿服务的认知还不够深入，社会对文化志愿服务的认同和支持力度还不高。

二、文化志愿服务队伍规模和体系还不健全

“我国目前很多志愿组织缺乏长期发展意识，志愿者只是从事短期的志愿服务，很多志愿服务也是突击性的、短期性的，短期行为比较明显。有些志愿组织通过开展大型服务活动，营造声势，争取资源，但是，这些活动项目启动以后，能否持续开展，能否使受助方长期受益，则没有引起志愿组织的足够重视，这在人们心目中留下了志愿服务搞形式主义、缺乏真情实效的不良印象，影响了志愿服务功能的正常发挥。”[①]我国志愿服务组织发展还不够成熟，文化志愿服务队伍规模虽然较大，但还没形成体系，难以推动项目化、规范化运作。相比于国外的一些文化志愿服务队伍，我国文化志愿服务队伍的规模和体系还不够健全。例如美国图书馆志愿者发展较早，“已形成了规范的志愿者招聘政策和程序，申请方式也逐渐统一化，志愿者可以轻易获取相关政策来了解具体志愿者职位的要求，图书馆对志愿者年龄要求趋于年轻化，对工作时长、技能和经验的要求也越来越人性化”[②]。但在我国文化志愿服务还多依靠于政府部门的主导和推动，而文艺工作者或者是非物质文化传承者等文化志愿者多来自社会各行各业，这就造成了文化志愿服务在行政化和社会化的协调中存在一定的困难，也不利于文化志愿服务项目长期持续开展。部分志愿者在参与志愿服务时没有形成正向的认识，例如在针对陕西省铜川市文化志愿者现状开展的调查中，对文化志愿者这个概念了解的只有35%，有13%的人认为文化志愿者和其他志愿者一样，只要有奉献精神就可以参与，此外部分志愿者还

---

① 李茂平．我国志愿服务存在的主要问题及消解对策[J]．长沙大学学报，2017,31（03）:48-51.

② 任新蕊，刘燕权．美国城市图书馆志愿者服务机制模式及面临的挑战[J]．图书与情报，2019（02）:100-106.

存在盲目跟风的心理；72%的人认为文化志愿服务应由政府来推动。[1]志愿者对文化志愿服务应如何更好地开展的认知还处在初级阶段，依然普遍认为志愿服务应该依靠政府来推动，但事实上，单一的主导推动并不利于文化志愿服务的发展。类似于铜川市的文化志愿服务情况较为普遍，部分地区的文化志愿服务普遍存在志愿者素质不高、队伍结构单一、组织活动形式单一、制度保障不完善等情况，这些是文化志愿服务队伍建设和体系建设迫切需要解决的问题。

三、文化志愿服务地区、城乡之间差异较大

我国文化志愿服务在地区之间、城乡之间发展还不均衡。在我国，不同地区的经济发展水平、文化资源、重视程度等多因素使地区、城乡之间存在较大差异。根据2003年至2014年我国公共文化服务调查数据可见，“2014年，各省人均文化事业费投入的平均水平为53.79元。其中西藏、上海、北京、青海、天津、内蒙古、宁夏、浙江、海南、新疆等10省的人均投入高于平均水平，其他21个省份则处于全国平均水平之下。其中人均文化事业费投入最多的是西藏，投入为160.06元；投入最少的省份是河南，仅为18.43元，二者差距是8.68倍，东西部省份水平普遍高于中部省份，差距明显。”[2]根据调查，我国主要文化机构从业人员数量和资金投入等也都呈现出东西部省份普遍高于中部省份且差距明显的情况。

我国公共文化的城乡差异也在一定程度上反映了文化志愿服务的水平。“截至2014年底，全国仍有553个县级图书馆和705个县级文化馆建筑面积小于800平方米，分别占县级图书馆和文化馆总数的20.4%和24.1%；主要服务于农村的1630家县图书馆图书总藏量14527万册，仅占全国图书馆总藏量的18.4%；且有680个县级公共图书馆和818个县级文化馆建于1990年之间[3]，配备设施已经极其老化、陈旧。全国各级艺术表演团体赴农村演出

① 李翔.浅谈如何加强文化志愿者队伍建设[J]，大众文艺.2017（11）:15.

② 杨秀云、赵科翔、苏祎.我国公共文化服务水平及其影响因素[J]，西安交通大学学报（社会科学版）.2016（9）:81-88.

③ 原文如此，应指20世纪90年代。

114.04万场，占全国总演出场次的65.6%，比重比2013年上升2%。但由于农村地区相对分散，相对于城市地区的总量优势在均量比较中依然落后，农村地区公共文化服务机构所提供的文化生活丰富性与城市地区存在不小的差距，农村地区人民群众的文化权益并没有得到足够的保障，城乡间公共文化服务水平不均等现象明显。”[①]在城市依托文化公共场馆、社区、高校等，高雅艺术引入公共文化服务给城市居民带来了极大的便利，而在农村，诸如“春雨工程”“大地工程”“圆梦工程”等也给村民带来了文化福利，但一味地重视将文化服务带给贫困群众，却忽视了群众对文化服务需求的多元化，极易造成更大的“文化盲区”。

尽管近年来我国公共文化服务水平在稳步提高，各地区对公共文化服务的重视程度也普遍提高，但作为公共文化服务有效补充的文化志愿服务，其服务的内容因地理、人文、风俗的不同而不能完全适用，地区、城乡之间的差异会给文化传播和接受带来更大的困难，因此文化志愿服务需要充分考虑服务双方，将地区、城乡之间的文化差异进行整合和再造，创新文化内容和服务方式，从而更精准有效地开展文化志愿服务。

① 杨秀云、赵科翔、苏祎．我国公共文化服务水平及其影响因素[J]，西安交通大学学报（社会科学版）.2016（9）:81–88.

第三章

文化志愿服务的内容

文化志愿服务的内容非常广泛，根据文化内涵可以分为弘扬中华优秀传统文化志愿服务、传承革命文化志愿服务和发展社会主义先进文化志愿服务，因文化包罗万象，因此文化志愿服务的内容也十分丰富，文化志愿者可根据兴趣和特长，选取一个或多个服务内容，深入挖掘文化遗产，服务群众需求，打造丰富多元的文化志愿服务体系。

第一节　弘扬中华优秀传统文化志愿服务

※

习近平总书记指出："中华优秀传统文化是我们最深厚的文化软实力，也是中国特色社会主义植根的文化沃土。"中华优秀传统文化发源于五千年连续的中华文明，具有强大的生命力和凝聚力。中华文化源远流长，包罗万象，讲仁爱、重民本、守诚信、崇正义、尚和合、求大同等优秀传统文化需要积极传承发展。中华优秀传统文化中仁爱、守信、民本、大同的理念是涵养社会主义核心价值观的源泉，民为邦本、礼法合治等思想智慧是国家治理体系的根基，仁义礼智信、孝悌忠信礼义廉耻等是中华传统美德的精髓。开展文化志愿服务可以不断增强中华优秀传统文化的生命力和影响力，更有助于人民文化素质的提升，从而提振中华民族的文化自信。弘扬中华优秀传统文化主要包含以下几个方面：

一、中华民族传统经典思想

中华民族传统经典思想主要包括儒家、道家、墨家、法家、名家、阴阳家、纵横家、杂家、小说家、兵家、医家等诸子百家思想和典籍。诸子百家思想和典籍在古代创造了灿烂的文化艺术，诸子百家思想散文既具有思想价值更具有文学价值。

2017年4月，济宁市弘扬传统文化青年志愿者服务队成立，是全国首个弘扬优秀传统文化青年志愿者服务队。济宁是具有悠久历史的孔孟之乡，是“三孔”“两孟”之地，拥有丰富的文化资源，济宁制定了《关于大力弘扬优秀传统文化加快建设文化强市首善之区的意见》，打造道德建设模范区、文明和谐示范区、儒家文化传承区，开展思想道德大教育、文明行为大劝导、“五城同创”大实践；开展文明礼仪宣讲团、道德模范报告团进机关、进学校、进企业、进社区、进农村活动，大力弘扬中华民族的传统美德，宣传文明礼仪知识，规范市民行为，引导人们说文明话、做文明事、当文明人；先后推出“评模范”“选好人”、乡村儒学等一系列活动，让文明的种子植根人心。济宁市文化志愿者由全市1.3万余名少先队辅导员和优秀青年志愿者组成，他们用文化感召、教化、引导广大群众。文化志愿者利用中华优秀传统文化体验馆、青少年传统文化教育基地，开展特色文化志愿服务，如围绕“儒家文化”“古代科技”“民俗风情”和“书画艺术”等主题，为青少年量身定做有地域特色的青少年传统文化教育体验项目，讲述地域特色故事，传承优秀传统文化基因，依托儒家文化、孝贤文化和红色文化，积极开展文化志愿传播。[①]

二、中华传统美德

习近平总书记指出：“继承和发扬中华优秀传统文化和传统美德，广泛开展社会主义核心价值观宣传教育，积极引导人们讲道德、尊道德、守道德，追求高尚的道德理想，不断夯实中国特色社会主义的思想道德基础。”[②]中华传统美德是中华民族数千年历史文化传承中的结晶，是中华民族生生不息的动力，加强道德教育对于涵养人的品性、构建和谐社会具有重要的作用。学者黄钊曾在研究中指出，中华民族优秀传统道德内容十分丰富，整体上形成了宏大的道德理论体系，其中，优秀的道德成果至少包括20个方面，即：“天下为公”的奉献精神、“见利思义”的重义精神、

---

① 以文化人以德润人——山东省济宁市以优秀传统文化促文明城市创建 [EB/OL].https://www.sohu.com/a/201329378_118608, 2017-10-31.

② 习近平 . 习近平谈治国理政 [M]. 北京 : 外文出版社，2014:163.

“威武不屈”的人格独立精神、“杀身成仁”“舍生取义”的献身精神、“自强不息”的进取精神、“仁者爱人”的仁爱精神、“居安思危”的民族忧患精神、“勤劳简朴”的勤俭精神、“尚中贵和”的和合精神、“执法不阿”的清廉精神、“返朴归真”的尚朴精神、“厚德载物”的包容精神、“戒骄戒躁”的谦虚精神、“乐事劝功”的敬业精神、“诚实守信”的诚信精神、“民贵君轻”的民本精神、主张“非攻”的热爱和平精神、“任人唯贤”的尚贤精神、“尊老爱幼”的公德精神、“尊师重教”的弘道精神。①开展中华传统美德的文化志愿服务，可以更好地更广泛地汲取传统美德的精华，作为政府和社会的有力补充，促进传统美德的涵育作用，构建高度的文化自信。

例如北京西城区的海棠书斋，以孝礼文化为核心思想，以敬老爱老为主题，打造公共特色公益阅读空间。海棠书斋的公共阅读空间以传统文化、养生保健、文史知识、儒家经典等书籍为主，全部免费向社区居民群众开放阅览。此外，书斋还定期开展公益发放《孝经》的活动，传播中华优秀传统文化，发掘孝礼文化的现代意义，使中华民族最基本的文化基因与现代文化相适应、与现代社会相协调，倡导社会主义道德风尚，践行社会主义核心价值观，助力构建社会主义和谐社会。海棠书斋还设置书法教室等为居民提供文化研习平台，举办各种类型的文化公益活动，每年约有40余场，如“海棠树下，为你读诗”“感恩母亲节”“孔子诞辰全民诵读活动”“重阳节文化周”“敬老爱老·社区象棋比赛”“中华传统文化经典讲堂”“诗书画印社区型”等，以海棠书斋为代表的文化志愿服务空间和文化志愿服务团队为发扬中华传统文化礼仪做出了重要的贡献。②此外，很多社区文化志愿服务团队还开展“节俭养德、文明餐桌”等活动，倡树文明节俭新风尚；举办“弘扬家庭美德，倡导精神文明”道德讲堂、“诚实守信”主题道德讲堂等志愿服务活动，传承中华传统美德。

积极为青少年开展文化志愿服务是近年来的热点，盐城市阜宁县培林

① 黄钊．中国优秀传统道德的丰富内容及其基本特征探析 [J]. 武汉大学学报（哲学社会科学版），1999（02）:3-5.

② 海棠树下书香西城 [EB/OL].http://bj.wenming.cn/xc/xcqyw/201905/t20190524_5127300.shtml, 2019-5-24.

慈善会开展的“经典润泽·红色传承”青少年传统文化传承志愿服务项目旨在关注青少年群体，通过志愿服务活动的参与，使青少年群体能更好地接受中华传统美德，通过体验式的服务，使青少年更好地认识中华优秀传统文化和革命文化。

实例分享3-1

“经典润泽·红色传承”青少年传统文化传承志愿服务项目[①]

一、实施组织概况

盐城市阜宁县培林慈善会成立于2016年4月，宗旨是“积极奉献、关爱他人”；使命是“让青少年懂得爱”；服务范围是紧急救援、扶贫济困、安老、助孤、医疗救助、助学支教等；活动品牌有阜宁公益小天使、农村留守儿童关爱保护服务、困境儿童精准帮扶、困境老人关爱。

二、项目实施方案

1.项目背景及独特性

“经典润泽·红色传承”——青少年传统文化传承志愿服务项目主要针对6-16周岁的少年儿童。通过中华传统文化、红色文化教育植入，以及关爱型社会公益实践活动，全力聚焦培养德善的思想观念和行为，帮助青少年摒弃错误的理念和习惯，从小就存有正知正念正觉，持续强化，以弥补学校、家庭教育的不足，为培养合格的有中国特色的社会主义接班人奠定基础。

2.项目主要内容

（1）秉承善德传统，弘扬传统文化。开展传统文化教育大讲堂，以传统诗词吟诵为主，辅之以传统服饰、建筑及人文民俗等知识，体验感知传统文化。

（2）秉承革命传统，弘扬红色文化。组织参观烈士陵园、纪念馆，观看红色教育影片，学唱红色歌曲等，培养“红色精神”。

① 江苏文明网．“经典润泽 红色传承”青少年传统文化传承志愿服务项目 [EB/OL].http://wm.jschina.com.cn/18852/4th/cultrue/201907/t20190711_6259541.shtml.

（3）关爱他人，懂得感恩，增强责任感。组织关爱社会弱势群体的活动，学会关爱父母、关爱他人，种下爱的种子。

3.项目已取得成效及社会现实意义

（1）建设“善德好少年”关爱工作站辅导点、书香漂流站，开展“乐享阅读”国学大讲堂，评选“善德之星”，让青少年爱上传统文化，做到明礼知耻，崇德向善。

（2）解决未成年人教育中品德存在的突出问题，重树全社会良好的道德新风尚，抓住人生最关键的阶段培养良好的道德习惯，帮助他们扣好人生的第一粒纽扣。

（3）让青少年学会关爱生命、学会分享、学会感恩，从小种下一颗善的种子，做到有善念、讲善言、行善事，增强对家庭、社会、国家乃至人类的责任感，成为合格的有中国特色的社会主义接班人。

三、传统节日

中国传统节日是中华民族优秀传统文化在中国历史文化中长期积淀凝聚的产物，中华民族的传统节日和二十四节气、祭祀文化、天文历法等有紧密的联系，不仅表现了中国人的物质精神文化生活，也蕴藏着巨大的历史文化内涵。中国传统节日主要有春节（正月初一）、元宵节（正月十五）、龙抬头（二月二）、社日节（二月二）、清明节（公历4月5日前后）、端午节（农历五月初五）、七夕节（农历七月初七）、七月半（农历七月十四/十五）、中秋节（农历八月十五）、重阳节（农历九月九）、冬至节（公历12月21日至23日）、除夕（年尾最后一天）等。中国传统节日的习俗、精神至今仍在延续，传统节日有助于弘扬中华民族传统美德，表现人们对幸福生活的向往、对中华民族价值和思想的传承。文化志愿服务可以充分依托传统节日，在相应的时间节点开展文化传播和文化服务，提升传统节日的内涵。

春节是中华民族最重要的传统节日，在春节前后，各省各市都举行了以“红红火火过大年”为主题的志愿服务活动，如2011年南京市举行的

"红红火火过大年"主题志愿活动，文化志愿者开展书写春联、民间文化特色展示、健康咨询、法律咨询、劳动政策咨询及全民健身体质测试等广场志愿服务活动，营造欢乐喜庆、文明祥和的节日氛围；安徽巢湖的"红红火火过大年"主题志愿活动，在春节期间来自各个街道、社区的志愿者们举办"文艺送乡亲""文化进社区"，为当地群众送来了丰盛的文艺大餐；唐山市文化志愿服务团队在春节期间，到敬老院开展文化志愿服务活动，为老人们带来当地戏曲、舞蹈、魔术等文艺节目，营造热情祥和的新春气氛。中秋佳节又是另一个中华民族重要的传统节日，围绕中秋节各省各地开展一系列文化志愿服务活动，2018年中秋期间，广东省河源市文化志愿服务团队在鳄湖公园志愿驿站开展"浓情中秋·情暖驿站"公益志愿服务活动，提供了猜灯谜，做游戏，免费测血压、血糖，免费理发等服务，在活动中引导市民群众自觉传承中华优秀文化和传统美德；中秋当晚，志愿者们和现场市民一起载歌载舞、玩游戏、猜灯谜、分享客家月饼美食、共赏明月，欢度中秋。弘扬优秀传统文化，同时普及志愿服务理念，弘扬了志愿精神，提升了河源市民对中秋传统文化和创建文明知识的认识和了解。[①]围绕中国传统节日的文化志愿服务项目形式多样，文化志愿服务已经和便民服务等有机地结合起来，以弘扬传统节日的精神和内涵，进而提升人们的生活幸福感，文化志愿服务在这一方面可开拓的内容还有很多。

四、传统美术、书法、音乐、戏剧、文学等非物质文化遗产

根据联合国教科文组织的定义，非物质文化遗产（intangible cultural heritage）是指"被各社区、群体，有时是个人，视为其文化遗产组成部分的各种社会实践、观念表述、表现形式、知识、技能以及相关的工具、实物、手工艺品和文化场所。这种非物质文化遗产世代相传，在各社区和群体适应周围环境以及与自然和历史的互动中，被不断地再创造，为这些社区和群体提供认同感和持续感，从而增强对文化多样性和人类创造力的尊

① 中国文明网．情暖中秋，河源志愿者在行动[EB/OL].http://hy.wenming.cn/gdhy08/201809/t20180927_5464576.htm, 2018-9-27.

重”。根据以上定义，“非物质文化遗产”包括以下方面：口头传统和表现形式，包括作为非物质文化遗产媒介的语言；表演艺术；社会实践、仪式、节庆活动；有关自然界和宇宙的知识和实践；传统手工艺。

根据《中华人民共和国非物质文化遗产法》规定：非物质文化遗产是指各族人民世代相传并视为其文化遗产组成部分的各种传统文化表现形式，以及与传统文化表现形式相关的实物和场所。包括：传统口头文学以及作为其载体的语言；传统美术、书法、音乐、舞蹈、戏剧、曲艺和杂技；传统技艺、医药和历法；传统礼仪、节庆等民俗；传统体育和游艺；其他非物质文化遗产。

非物质文化遗产是以人为核心的技艺、经验和精神，体现了一个民族的文化记忆，在人的传承上显得格外重要。古老的历史和灿烂的文明为中国留下了宝贵的文化遗产，但随着社会的发展，中国非物质文化遗产会因为年代更迭而被人淡忘或技艺失传。2004年8月，我国加入了教科文组织《保护非物质文化遗产公约》，截至2019年6月，共有32项非物质文化遗产列入教科文组织《人类非物质文化遗产代表作名录》，7个项目被列为《急需保护的非物质文化遗产名录》，1个项目被列为《保护非物质文化遗产优秀实践名录》，中国是世界上入选非物质文化遗产最多的国家。中华人民共和国国务院先后于2006年、2008年、2011年、2014年、2021年公布了五批国家级非物质文化遗产，另外还有省、市、县级非物质文化遗产。

表3-1　联合国教科文组织非物质文化遗产名录

人类非物质文化遗产代表作名录		
1	昆曲	2001年
2	古琴艺术	2003年
3	蒙古长调民歌（中国、蒙古跨国项目）	2005年
4	新疆维吾尔木卡姆艺术	2005年
5	中国蚕桑丝织技艺	2009年
6	福建南音	2009年
7	南京云锦	2009年
8	安徽宣纸	2009年
9	贵州侗族大歌	2009年
10	广东粤剧	2009年

（续表）

11	《格萨尔》史诗	2009年
12	浙江龙泉青瓷	2009年
13	青海热贡艺术	2009年
14	藏戏	2009年
15	新疆《玛纳斯》	2009年
16	蒙古族呼麦	2009年
17	甘肃花儿	2009年
18	西安鼓乐	2009年
19	朝鲜族农乐舞	2009年
20	书法	2009年
21	篆刻	2009年
22	剪纸	2009年
23	雕版印刷	2009年
24	传统木结构营造技艺	2009年
25	端午节	2009年
26	妈祖信俗	2009年
27	京剧	2010年
28	中医针灸	2010年
29	皮影戏	2011年
30	珠算	2013年
31	二十四节气	2016年
32	藏医药浴法	2018年
急需保护的非物质文化遗产名录		
1	羌年	2009年
2	黎族传统织染织绣技艺	2009年
3	中国木拱桥传统营造技艺	2009年
4	麦西热甫	2010年
5	中国水密隔舱福船制造技艺	2010年
6	中国活字印刷术	2010年
7	赫哲族伊玛堪说唱	2011年
非物质文化遗产优秀实践名册		
1	福建木偶戏传承人培养计划	2012年

近年来，政府为了保护非遗文化做了大量的努力，但非物质文化遗产种类繁多，分布广泛，就更需要文化志愿服务作为有效补充。因此，文化

志愿服务组织和文化志愿者为非物质文化遗产的保护做出了重要的贡献。

作为第一个纳入世界级非物质文化遗产的昆曲发源于苏州，苏州形成了一批昆曲志愿服务队伍，其中苏州市未成年人昆曲传播志愿服务队将弘扬昆曲文化艺术和提升未成年人素质巧妙地结合起来，2007年苏州市成立了未成年人昆曲传播中心，一批老昆曲艺人自发成立了未成年人昆曲传播志愿服务队，传播中心的志愿者们把苏州知名昆曲演出场所沁兰厅作为主阵地，保留苏州吴文化的传统韵味，使服务对象可以一下子身临其境，感受独特的艺术魅力。志愿服务队几乎每天在沁兰厅普及演出2小时。此外，志愿服务队还在8所学校建立了昆曲教育传承基地，组织学生开展昆曲传承教育示范辅导活动。为了提高未成年人兴趣，使他们能够看得懂、坐得住，针对未成年人的特点，志愿服务队创新昆曲传播普及的内容、形式和手段，建立“动”“静”“送”三结合的方法。“动”通过演出昆剧片段，并配合讲解、提问、上台互动，与名师票友进行切磋交流；“静”则用平面宣传图片文字向学生介绍昆剧知识，发放介绍昆曲简单知识的卡通昆曲人物画小书签、课程表、节目单、唱词小卡片、便签贴、小折子等小礼品。“送”就是将昆曲送进学校，在有条件的学校成立“小昆班”，传承昆曲知识和艺术。苏州市未成年人昆曲传播志愿服务队依托地方特色文化，通过志愿服务的形式，较好地发挥了优秀传统文化滋养心灵、陶冶情操和培养审美情趣的独特作用，拓展了传统文化传承、教育的新途径。服务队成立8年多来，完成昆曲普及演出1200余场，让100余所学校的20万名学生近距离接触了解了昆曲，还吸引了多批次共600多位英国中学生和英国外教从海外慕名前来观看演出互动表演，扩大了海外影响。①

非物质文化遗产志愿服务在高校广受欢迎，南京铁道职业技术学院非遗公益志愿行团队与国家级剪纸非遗传承人张芳林、徐州市丰县面塑传承人惠明生、南京市刺绣非遗传承人高勇形成长期合作模式，团队成员定期接受非遗传承人指导、积极参与公益志愿服务事业。项目以“指尖的艺术”为名，优化升级了服务项目内容，专门针对非遗文化中的面塑、剪纸、刺绣开展志愿服务，服务内容更具针对性，通过与非遗传承人的合

① 中国文明网．苏州市未成年人昆曲传播志愿服务队[EB/OL].http://www.wenming.cn/specials/zyfw/4g100/zjzyfwzz/201512/t20151202_2995188.shtml.

作，优先在校内开设选修课，培养非遗人才，进而深入社区、深入学校、深入车站开展全方位的志愿服务。

实例分享3-2

指尖的艺术——非遗公益志愿服务项目[①]

一、实施组织概况

组织宗旨：通过志愿服务弘扬和推广江苏非遗文化。

服务范围：南京站、南京南站、南京地铁各站旅客，南京市浦口区江浦街道、顶山街道、吉庆社区、大新社区居民和学生。

活动品牌：南京铁道职业技术学院非遗公益志愿行团队。

二、项目实施方案

1.项目背景及独特性

非遗公益志愿行团队是一个以弘扬非物质文化遗产为服务内容的大学生志愿服务组织。团队成员定期接受非遗传承人指导、积极参与公益志愿服务事业。项目以“指尖的艺术”为名，优化升级了服务项目内容，专门针对非遗文化中的面塑、剪纸、刺绣开展志愿服务，通过与非遗传承人的合作，优先在校内开设选修课，培养非遗人才，进而深入社区、深入学校、深入车站开展全方位的志愿服务。

2.项目主要内容

非遗公益志愿行团队发扬“奉献、友爱、互助、进步”的志愿者精神，以“弘扬和推广江苏非遗文化”为宗旨，通过多种形式开展刺绣、剪纸、面塑相关的宣传性志愿服务活动，与车站及其他学校、社区合作，利用志愿服务契机使非遗传承事业更加精准化、多样化。受益人群包括车站旅客、工作人员、学校师生、社区居民，以及火车站的众多旅客和工作者。

---

① 江苏文明网．指尖的艺术——非遗公益志愿服务项目 [EB/OL].http://wm.jschina.com.cn/18852/4th/cultrue/201907/t20190710_6257032.shtml.

3.项目已取得成效及社会现实意义

非遗公益志愿行团队自成立以来，长期关注江苏省非遗志愿服务事业现状，队伍组织架构完善、管理运行良好，专业性和凝聚力较强。团队已与三名非遗传承人达成合作共识，共同推进“指尖上的艺术”志愿服务项目，以期能够让更多人接触、了解并融入非遗文化，通过志愿服务激发参与者对于非物质文化遗产的兴趣，使他们更加深刻地理解和感悟传统文化，用浸润的方式弘扬传统文化，提升公民素质，促进社会和谐。

五、传统古建筑、古遗址、艺术品、历史文化名城等物质文化遗产

物质文化遗产（Material cultural heritage），又称“有形文化遗产”，即传统意义上的“文化遗产”。

根据《保护世界文化和自然遗产公约》，物质文化遗产具体包括：（一）文物：从历史、艺术或科学角度看，具有突出、普遍价值的建筑物、雕刻和绘画，具有考古意义的成分或结构，铭文、洞穴、住区及各类文物的综合体；（二）建筑群：从历史、艺术或科学角度看，因其建筑的形式、同一性及其在景观中的地位，具有突出、普遍价值的单独或相互联系的建筑群；（三）遗址：从历史、美学、人种学或人类学角度看，具有突出、普遍价值的人造工程或人与自然的共同杰作以及考古遗址地带。截至2021年7月，中国已有56处自然文化遗址和自然景观列入《世界遗产名录》，位居世界第一。根据《中华人民共和国文物保护法》规定：下列各项应由国家保护：（一）具有历史、艺术、科学价值的古文化遗址、古墓葬、古建筑、石窟寺和石刻、壁画；（二）与重大历史事件、革命运动或者著名人物有关的以及具有重要纪念意义、教育意义或者史料价值的近代现代重要史迹、实物、代表性建筑；（三）历史上各时代珍贵的艺术品、工艺美术品；（四）历史上各时代重要的文献资料以及具有历史、艺术、科学价值的手稿和图书资料等；（五）反映历史上各时代、各民族社会制度、社会生产、社会生活的代表性实物。

文化遗产具有考古价值、科学价值和艺术价值，是人类历史上的瑰

宝，加大文化遗产的保护对于记录人类艺术发展、经济社会发展有重要的意义，文化遗产作为历史文化的重要载体，同样维系着中华民族的凝聚力，体现了中华民族的伟大精神，文化遗产和文物还是国家文化的主权象征，对文化遗产的保护有利于传承中华民族优秀传统文化，增强国际影响力。

表 3-2　中国部分世界文化遗产

文化遗产或文化景观	认定时间
山东泰山：泰山（山东泰安市）、岱庙（山东泰安市）、灵岩寺（山东济南市）（文化与自然双重遗产：世界首个双重遗产）	1987年12月
甘肃敦煌莫高窟	1987年12月
周口店北京人遗址	1987年12月
长城	1987年12月
陕西秦始皇陵及兵马俑	1987年12月
明清皇宫：北京故宫（北京）	1987年12月
安徽黄山（文化与自然双重遗产）	1990年12月
湖北武当山古建筑群	1994年12月
山东曲阜的孔庙、孔府及孔林	1994年12月
河北承德避暑山庄及周围寺庙	1994年12月
西藏布达拉宫（大昭寺、罗布林卡）	1994年12月
四川峨眉山—乐山风景名胜区（文化与自然双重遗产）	1996年12月
江西庐山风景名胜区（文化景观）	1996年12月
苏州古典园林	1997年12月
山西平遥古城	1997年12月
云南丽江古城	1997年12月
北京天坛	1998年11月
北京颐和园	1998年11月
福建省武夷山（文化与自然双重遗产）	1999年12月
重庆大足石刻	1999年12月
河南洛阳龙门石窟	2000年11月
四川青城山和都江堰	2000年11月
安徽古村落：西递、宏村	2000年11月
明清皇家陵寝：明显陵（湖北钟祥市）、清东陵（河北遵化市）、清西陵（河北易县）	2000年11月
云冈石窟	2001年12月

（续表）

文化遗产或文化景观	认定时间
明清皇家陵寝：明孝陵（江苏南京市）、明十三陵（北京昌平区）	2003年7月
明清皇家陵寝：盛京三陵（辽宁沈阳市）	2004年7月
明清皇宫：沈阳故宫（辽宁）	2004年7月
吉林高句丽王城、王陵及贵族墓葬	2004年7月
澳门历史城区	2005年7月
中国安阳殷墟	2006年7月
开平碉楼与古村落	2007年6月
福建土楼	2008年7月
山西五台山（文化景观）	2009年6月
嵩山“天地之中”古建筑群（文化景观）	2010年7月
杭州西湖（文化景观）	2011年6月
元上都遗址	2012年6月
红河哈尼梯田（文化景观）	2013年6月

除了通过立法、修建博物馆等方式保护物质文化遗产之外，有效的文化志愿服务同样发挥着作用，近年来越来越多的文化志愿服务队伍致力于保护物质文化遗产、保护文物、传播文化精神。自2014年起，每年的4月18日为“北京文物安全保护志愿者日”，北京文物保护志愿者会通过举办北京文物安全保护志愿服务活动等宣传文物保护，例如在卢沟桥遗址，志愿者会对游客宣传文物保护的常识，提醒游客保护文物、爱护环境。除了在文物所在地保护文物之外，志愿者们还创新开展线上爱心传递活动，让文物保护成为一种生活方式，通过微信、微博等开展线上文物保护宣传。同样作为历史文化名城的南京，也有文物保护志愿者队伍，2014年6月，南京市文化广电新闻出版局组建成立南京市文物保护志愿者总队，后者的组织建设和活动开展由南京市文化综合执法总队具体负责。南京市文物保护志愿者总队组织开展的文物保护志愿服务行动是江苏省首个正规化、制度化、常态化运行的以文物为关照对象的志愿服务项目，项目内容包括：（一）巡查保护不可移动文物。文物保护志愿服务行动不可移动文物巡查包括集体巡查、定点巡查、自主巡查3种形式。（二）宣传普及文保基本知识。参加省、市广播电台“对话文物保护志愿者”直播节目，运维“南京市文物保护志愿者”“最忆是金陵”等微信公众号；走近高校、中小学举

办专题讲座，参与“志愿者心声分享会”；向市民免费发放文物保护宣传品《南京文化遗产分布图》《窗》。（三）组织开展相关公益活动。诸如“我爱紫金山”文保行活动、“衔环结草以报恩德”主题教育活动、梅花节文明游园劝导活动、愚园开放日文保义务宣传活动、建设南京保卫战遗址公园参政议政活动等。南京市文物保护志愿行动不仅及时有效地保护文物不被破坏，更提升了公民文保知识。文物保护志愿服务行动是党的群众路线在文保领域的生动实践，是社会治理理念在文保领域的具体落地，其在充分发挥人民群众主体精神、有效缓解执法力量相对不足等方面具有重要价值和积极意义。[①]

实例分享3-3

福建省厦门市思明区“文物守护认领”志愿服务项目[②]

一、项目概述

厦门市思明区共有不可移动文物325处，文物数量占全市68%，层级高、保护难度大，为进一步解决思明区文物保护工作中存在的城市文物点多面广、大众文物保护意识不强、文物发挥社会教育功能不足等问题，思明区积极探索文物保护工作新机制、新模式，首创“文物守护认领”模式，于2016年率先发起“寻根厦门记忆·守护思明文物”行动，全力打造“文物守护认领”志愿服务项目，成立思明区文物保护志愿服务总队、组建文物寻根志愿宣导团、开展思明文物之旅等，逐渐走出了一条具有思明特色的文物保护之路。迄今，共举办“寻根厦门记忆·守护思明文物”系列活动近300场，吸引了近500万人次参与。2019年，思明区被国家文物局列入首批“中国文物安全志愿者行动”福建省试点区，思明区文物保护志愿服务总队入选为中国文物安全志愿服务福建示范队。

---

① 留住城市记忆——文物保护志愿者行动 [EB/OL].http://wm.jschina.com.cn/18852/zjh2th/society/201708/t20170822_4550442.shtml, 2017-8-22.

② 福建省厦门市思明区“文物守护认领”志愿服务项目 [EB/OL].http://www.wenming.cn/specials/zyfw/2019sg100/zjzyfwxm/201912/t20191202_5336777.shtml, 2019-12-2.

二、项目亮点

全民参与。辖区内199处未定级不可移动文物已全部被社会爱心集体（企业、组织、家庭）和个人认领保护。志愿者对所认领守护的文物点进行每个月至少2次文物安全巡查及宣传服务，并及时进行信息反馈。为打造专业队伍，通过专家面对面授课、“文物宣导加油站”、现场实操实训、志愿者守护经验分享等多元化特色培训方式，让志愿者更加有温度、有水平。

传承文脉。2018年，“文物守护认领”志愿服务项目进行升级，接续打造“文物宣导”志愿服务项目，同步成立思明区“文物寻根”成人宣导团和青少年宣导团。该项目于每周六上午向社会常态开放“周末文物游”志愿宣导，向游客讲授文物背后的历史故事，传承其中蕴涵的城市文脉。

创新模式。思明区不断创新，形成一系列“文物保护+”做法，如“文物+摄影”“文物+体育”“文物+线上”等，推出全国首个“文物传承跑”、100期文物系列广播《听见历史的声音：文物传奇》、文物建筑摄影展等深受市民点赞的活动，让文物保护走进市民百姓生活。

三、项目成效

思明区“文物守护认领”志愿服务项目已推动思明区文物保护志愿服务总队成长为厦门市一支强有力的文物保护社会志愿力量，为全民高度重视文物保护、传承城市历史文脉起到了重要示范引领作用。2018年，《中国文化报》以《厦门市思明区推出“文物守护认领”模式：给古老建筑一个温暖的“家”》为题，对此项目进行了宣传报道；同一年，“文物守护认领”志愿服务项目荣获“2018年福建省志愿服务项目大赛”铜奖。2019年，“文物守护认领”模式被写进中共福建省委、福建省人民政府《关于深入学习贯彻习近平总书记重要论述加强新时代文化和自然遗产保护利用工作的意见》中，进行全省推广。

六、地域文化

一方水土养一方人，一方水土孕育一方文化。根据地域的不同，文化形成了不同的风格和特征，地域文化反映了一个地区的经济社会人文发展。“所谓地域文化，就是按照地域界定而出现的一种文化类型，是某一地域由于地理环境和经济发展而呈现出的一种有别于其他地区文化风貌的一种文化形态。地域文化是最能体现一个空间范围内人的特点的文化类型。一般来讲，地域文化是指特定区域源远流长、独具特色、传承至今且仍发挥作用的文化传统，它包括在这一地域所产生的经济体系、社会组织、宗教信仰、民俗传统、价值观念等。地域文化是在一定的自然环境、特定的历史背景和独有的文化积淀等条件下形成的一种亚文化，具有很强的地域性、传统性和独特性。”[①]在中国，因地大物博而形成了种类繁多的地域文化，诸如中原文化、三秦文化、燕赵文化、关东文化、云滇文化、中州文化、齐鲁文化、三晋文化、湖湘文化、蜀文化、巴文化、徽文化、赣文化、闽文化等等，每个地域文化都有其独具特色的民风民俗、民间信仰、饮食文化、方言习惯等等，地域文化对中华民族的精神传承提供了丰富的文化资源，发挥地域文化可以更好地提升国家文化实力。尤其是在当下，地域文化的传承更应深入了解该地域的文化记忆，传承与弘扬文化基因，针对特色文化提供具体的支持，凝聚成具有中国特色和时代特色的民族特色文化，从而提升对中华文化的认同。例如荆楚文化主要是湖北地区的江汉流域，其特点是开拓进取、倔强不屈；齐鲁文化是山东地区齐文化和鲁文化的融合，其特点是讲求革新、尊重传统；燕赵文化主要是河北所在的华北平原，其特点是慷慨悲歌、好气任侠。而同在一个省份，也有不同的地域文化。据《江苏地域文化导论》[②]一书，江苏地域文化主要包括金陵文化、吴文化、淮扬文化、徐淮文化和苏东海洋文化。吴文化指太湖周边的苏州、无锡、常州地区，吴文化清新柔美、鲜活灵性、视野开阔、乐于创新，包括常州淹城遗址、苏州古城遗址、无锡惠山寺等文物，也有苏绣、宋锦、紫砂陶器等手艺，还有昆曲、苏州评弹、锡剧等曲艺。金陵文化则是以南京为中心，南北交汇、兼容并包的都城文化形成了金陵文化的特点。淮扬文化则是以淮扬地区为主，主要城市是扬州，呈现出清新优雅、豪迈奋进的特点。地域文化具有鲜明的个性，内涵丰富，且能反映一

① 地域文化的当代价值 [EB/OL].http://www.gscn.com.cn/sxly/system/2019/12/19/012289957.shtml, 2019-12-19.

② 汪小洋、周欣 . 江苏地域文化导论 [M]. 南京：东南大学出版社，2008.

个地区中国人的生活方式和生活特点，具有重要的历史和现实意义。保护地域文化不仅依靠政府主导，更应充分发挥该地域的文化志愿服务力量。

例如苏州相城文化志愿服务项目以传承和弘扬吴文化为主题，作为吴文化发源地之一的相城历史文化资源丰富，历史名人有孙武、沈周、文徵明、冯梦龙等，非物质文化遗产有御窑金砖、元和缂丝等，古城镇文化遗迹则有湘城古镇、太平老街、陆慕老街、黄埭古镇等。相城区文化志愿者们创新发展传统民俗活动，推动地域文化传承发展，以老街保护、文化挖掘和环境保护为主线，辅之以阳澄渔歌、舞龙等具有地方特色的文艺演出，助力文化传承。相城文化志愿服务队还通过建立新时代文明实践中心，将发扬地域特色吴文化和践行社会主义核心价值观结合起来，推进文化志愿服务队伍的扩大和活动的丰富。

又如，在以荆楚文化为特色的湖北，文化志愿服务队组织“中国传统民歌与风土”荆楚群文大讲堂活动。“荆楚群文大讲堂”采取主讲、表演、赏析、访谈和参与者互动等综合方式对群众开展艺术现场传习活动，深受群众喜爱和赞誉，提高了群众对荆楚文化的认同和感知。[①]

① 湖北省文化志愿者网络服务平台。

实例分享3-4

重庆历史文化地标展示志愿服务项目[①]

一、项目实施概况

重庆历史文化地标展示志愿服务项目开始于2017年，参与项目注册志愿者人数1000人。重庆历史文化地标展示志愿服务项目，旨在让重庆市民更加深入了解重庆历史、重庆文物、重庆文化，从而带动市民人人关心历史、关爱文物、关注文化，燃起市民对重庆历史文化传承保护的责任感、紧迫感、自豪感。同时，让更多外地游客既能欣赏到4D魔幻的重庆夜景，又能了解到悠久厚重的重庆历史文化。

留住文化根脉，守住民族之魂。重庆历史文化地标展示志愿服务项目在重庆历史文化名城专委会的指导下，由重庆市文物保护志愿者服务队负责，致力于宣传展示、传承保护重庆历史文化。重庆市文物保护志愿者服务队成立于2011年4月，现有注册志愿者1000人，其中常态开展活动的志愿者260人，是重庆第一支民间文物保护志愿者组织。正是这些热心的志愿者参与，重庆的历史文化才能更好地传承和保护，他们现已成为重庆文化遗产传承保护中不可或缺的民间力量，先后被《重庆日报》（《重庆有这样一群文保志愿者》2016年7月14日）、新华社（《文保志愿者：在街巷与林间寻拾城市记忆》2016年12月5日）、《人民日报》（《城市文脉：给城里人留住乡愁》2016年12月9日）等媒体宣传报道。

二、项目实施内容

1.建立文物数据库。在百度百科完善文物背景资料，在百度地图完善文物地点坐标；制作文物导览手机小程序，在手机小程序中输入历史建筑物，可自动推荐周边1公里范围内的其他历史建筑物。

2.文物巡查志愿者。成立文物巡查志愿者队伍，对重庆市区的105处不可移动文物点，每月完成至少一次巡查，通过结构化表单提交巡查记录，若是发现被破坏或需要保护的文物，及时向文物部门报告。2016年11月，

① 中国文明网．重庆历史文化地标展示志愿服务项目 [EB/OL].http://www.wenming.cn/specials/zyfw/2019sg100/zjzyfwxm/201912/t20191203_5337950.shtml, 2019-12-03.

重庆发布了首批176个优秀历史建筑名录，其中的水江洋房、慈云寺重庆茶厂历史建筑群、中央电影制片厂旧址等6处便是由志愿者在巡查中发现并上报，有力推动了文物的保护。

3.“重庆历史文化地标游”公益导览服务。立足人人都是重庆文物保护传播达人，每周组织开展公益导览活动，既介绍历史建筑物的背后故事，又推广安装小程序，完成自助“重庆历史文化地标游”。公益导览活动后，参与者需将看到的文物、老街以“图片+文字”方式上传至美篇、公众号等，让更多人参与其中，以便更好地保护。

4.“扫”出39条文化路线。文物志愿者通过大众接力，不断收集资料、实地探访，编辑出版很有影响力的《老重庆记忆路书》，将420处重庆历史文化遗迹，整理为39条线路，并通过扫描二维码，即可链接小程序了解历史建筑物信息。

5.重庆文物保护传播小达人。通过该项目，以教育功能为导向，带领亲子家庭，走进文化遗迹街区，完成趣味挑战任务，培养中小学生成为重庆文物保护传播小达人，为他们提供深刻且有意义的学习和娱乐体验。

第二节　传承革命文化志愿服务

※

革命文化，是中国共产党领导中国人民在伟大斗争中构建的文化，它以马克思主义为指导，以“革命”为精神内核和价值取向，继承中华优秀传统文化，借鉴世界优秀文明成果，是具有鲜明中国特色的先进文化。革命文化是革命的伟大实践，是中国革命事业的精神遗产和文化传承，起源于五四新文化运动和中国共产党成立期间，形成于新民主主义革命时期，丰富发展于社会主义革命建设时期和改革开放时期，并且一直传承至今。根据南京师范大学王磊、景飞的观点，革命文化的内涵主要包括三个层面：一是精神形态，即革命精神，是对党领导人民创造的优良传统和革命风范的概括总结，集中反映了中国共产党人的政治品格、思想品德和意志品质，如红船精神、井冈山精神、长征精神、延安精神、西柏坡精神等。二是实践形态，即革命历史，集中展现了党产生、发展和壮大的全过程，既反映个人成长也反映组织建设。三是物质形态，即革命遗存，是指党成立以来在革命过程中留下的遗址、遗迹和纪念建筑等，如党的重要机构、重要会议旧址；重要人物故居、旧居、活动地、墓地；重要事件和重大战斗遗址、遗迹；具有重要影响的烈士事迹发生地、遗留物、墓地；革命纪念碑（塔、堂）等纪念建筑。[1]人们熟知的革命遗存主要包括浙江嘉兴、西柏坡、井冈山、沂蒙山、古田、延安、遵义等，这些革命圣地及其历史事件、历史人物形成了革命文化，而在这些革命圣地涌现了的文化志愿服务队伍和项目，依托革命文化场馆和物质载体，共同形成了革命文化的共同体。

革命文化彰显了中国共产党人为中国人民谋幸福，为中华民族谋复兴的初心，在漫长的历史实践中转化为宝贵的精神财富。传承革命文化作为文化志愿服务中的重要组成部分，近年来得到蓬勃发展。传承革命文化志愿服务更有利于保持其强大的生命力。

很多革命文化圣地都有其文化志愿服务团队，他们从事着革命文化宣讲、革命文化演出、革命文化保护等志愿服务工作。在延安，“山丹丹”延安精神宣讲志愿服务队走进延安希望小学，以唱歌、宣讲、朗诵等方式讲述红色故事、讲解革命精神，文化志愿服务使孩子们在活动中汲取信念的力量、真理的力量，培养从小学党史、讲党史、爱党爱国爱家乡的情怀。在西柏坡，河北科技大学阳光宣讲团青年红色文化宣讲活动围绕西柏坡精神、爱国主义精神与青年担当展开，志愿服务团队同时开展青年红色文化宣讲、中共中央旧址志愿讲解和西柏坡纪念馆志愿服务，向广大游客宣传革命文化。在贵州，贵州赤水市博物馆红色志愿者开展红色文化进校园活动，向同学们宣讲红色文化，在校园内营造浓厚的红色文化学习氛围。在江苏，雨花台烈士纪念馆“小雨滴”志愿服务队向广大游客宣传雨花英烈精神，荣获由中央宣传部、中央文明办等部门和单位共同组织开展的2019年度宣传推选学雷锋志愿服务“四个100”先进典型最佳志愿服务组织奖。雨花台烈士纪念馆在江苏省乃至全国范围都有较大的影响力，营造了独特的雨花革命文化。

---

① 中国文明网．用革命文化资源提高思政课水平 [EB/OL].http://www.wenming.cn/zyh/szk/201906/t20190610_5144552.shtml.

实例分享3-5

雨花台烈士纪念馆“小雨滴”志愿服务队①

一、实施组织情况

南京市雨花台烈士纪念馆“小雨滴”志愿服务队成立于2006年。近年来，志愿者服务由大学生为主开始向全社会广泛参与转型，每年“小雨滴”志愿服务队面向高校定向招募志愿者，全年不定期招募社会志愿者，目前已经发展壮大到包括高校师生、烈士亲属、共建单位代表等，此外还有知名公众人物参与其中，累计服务时长21260小时，人均服务时长49.1小时。

二、项目实施内容

1.“小雨滴”志愿讲解。从2006年起，每年从合作高校中招募志愿者从事志愿讲解服务工作，通过培训、考核差额上岗，年均招募志愿者近百人。按照分组，“小雨滴”每周末赴雨花台烈士纪念馆开展志愿讲解服务，并随讲解向受众发放反馈信息表，依据评价记录积分。截至2019年，共提供志愿讲解批次846批，受众约6万人。“小雨滴”志愿讲解荣获2018年南京市公共文化设施优秀志愿服务项目。

2.“小雨滴红色课堂”系列社会教育课程。发动志愿者担任红色课堂主讲人，围绕雨花英烈精神主题进行课程策划和设计，形成“雨滴人物课堂”“雨滴历史课堂”“雨滴文化课堂”三个系列若干节主题课。目前已在大、中、小学等地先后开展近20场，总受众达到1万人，并吸纳受讲单位一批骨干成为志愿者。“小雨滴红色课堂”系列社会教育课程在2019年第四届江苏志愿服务展示交流会上荣获银奖。

3.“小雨滴”志愿者红色文艺展演。“小雨滴”志愿者红色文艺展演主要围绕“信仰的火种”这一主题，以“信仰之魂”“信仰之歌”“信仰之光”三个篇章，包含歌曲演唱、原创舞蹈、原创情景剧、原创诗朗诵等多样的节目形式。以志愿者为主体原创编演雨花英烈主题系列文艺节目，以新颖的视角、艺术的形式传播弘扬雨花英烈精神。截至2019年，在南京

① 雨花台烈士纪念馆“小雨滴”志愿服务队 [EB/OL].http://www.njdaily.cn/special/2019/yht/, 2019-6-6.

大学、南京传媒学院、雨花台烈士纪念馆等单位共演出20余场，总受众近万人。

4.“小雨滴”红色朗读者项目。以媒体主持人、演员、烈士亲属、中小学生等为志愿者主体，走入电台直播间、学校，现场朗诵雨花英烈家书；录制烈士家书朗诵音频，广泛用于线上宣传、园区轮播、党性教育。形成馆内馆外同步联动、线上线下全面覆盖，使受众从家书朗读中感悟英烈精神。

三、项目特色

雨花台烈士纪念馆“小雨滴”志愿服务团队旨在将志愿服务角色由一般的参与向红色文化传承者传播者转变。雨花英烈的事迹感动着每一位“小雨滴”，“小雨滴”们也都发自肺腑地想通过自己的微薄之力，讲好红色故事，传承红色基因，弘扬革命精神。

实例分享3-6

上海市“党的诞生地”志愿服务队[①]

一、项目实施概况

上海市“党的诞生地”志愿服务队成立于1993年，注册志愿者人数108名，累计志愿服务时长104459小时（含部分未注册社会实践志愿者），人均志愿服务时长75.13小时，主要开展宣誓教育、场馆服务、讲解接待、活动执行等志愿服务项目。

中共一大会址是中国共产党梦想起航的地方。1993年，一大会址的第一支学雷锋志愿服务队成立，至今已有6833名志愿者在馆内志愿服务累计时长106500小时。20多年来，在中共上海市委宣传部、市文明办的关心指导和社会各方的支持帮助下，该馆的志愿服务工作与时代发展同频共振，志愿服务队伍不断壮大，在中国共产党人的精神家园学习、成长、服务、收获。

① 中国文明网.上海市“党的诞生地”志愿服务队[EB/OL].http://www.wenming.cn/specials/zyfw/2019sg100/zjzyfwzz/201912/t20191204_5340466.shtml, 2019-12-04.

二、项目实施特色

党的十九大召开后，习近平总书记带领中央领导集体参观瞻仰中共一大会址，引领千千万万党员群众来党的诞生地，探寻中国共产党人的初心和使命。2018年，中共一大会址参观接待量达到创纪录的147万人次。在接待量“井喷”的同时，该馆首次向社会公开招募54名志愿者，有效缓解了接待压力，提升了参观体验。在志愿者队伍建设方面逐步形成“五有”“四统一”的做法和“教育+管理”的模式，以先进的思想、严格的管理凝聚、引领志愿者。精心设计宣誓流程，规范宣誓礼仪，邀请社会志愿者担任红色“司仪”，引导各级党组织开展宣誓教育。许多党员留言，在党的诞生地重温入党誓词特别有仪式感、庄严感。去年以来，在中共一大会址开展宣誓教育的党组织共有7767批次，宣誓教育成为“党的诞生地”红色文化品牌的重要组成部分。

第三节 发展社会主义先进文化志愿服务

※

社会主义先进文化是中国共产党和中国人民在社会主义革命、建设和改革实践探索中形成的先进文化，集中体现着社会主义的显著优势。党的十九届五中全会指出："繁荣发展文化事业和文化产业，提高国家文化软实力。坚持马克思主义在意识形态领域的指导地位，坚定文化自信，坚持以社会主义核心价值观引领文化建设，加强社会主义精神文明建设，围绕举旗帜、聚民心、育新人、兴文化、展形象的使命任务，促进满足人民文化需求和增强人民精神力量相统一，推进社会主义文化强国建设。"[①]这一论断，深刻阐明了文化在全面建设社会主义现代化国家中的重要功能和作用，对于引导全党全社会坚持和完善繁荣发展社会主义先进文化的制度，以坚定的文化自信推动社会主义先进文化发展，凝聚全体人民团结一心、奋勇前进的强大精神力量，夯实国家治理体系和治理能力现代化的基础，具有重要意义。我国拥有辉煌灿烂的文化，国家制度和国家治理体系决定了我国的社会主义先进文化应以马克思主义为指导，植根中国大地，具有深厚中华文化根基。事实证明，社会主义先进文化为我国发展注入了内涵和动力，提供了强大的精神力量。如今，新时代更应大力推动社会主义先进文化繁荣发展，以马克

①《中共中央关于制定国民经济和社会发展第十四个五年规划和二〇三五年远景目标的建议》，《人民日报》2020 年 10 月 30 日

思主义为指导，发展面向现代化、面向世界、面向未来的，民族的科学的大众的社会主义文化，丰富和增强人民的精神力量。

以公共文化场馆志愿服务为例，公共文化场馆、文化设施是发展社会主义先进文化的重要阵地。中宣部、中央文明办等七部门联合印发《关于公共文化设施开展学雷锋志愿服务的实施意见》，明确提出到2020年，基本建成公共文化设施志愿服务组织体系、志愿服务项目体系和志愿服务管理制度体系。因此大力推进公共文化设施志愿服务站点建设，广泛吸引志愿者参与文化志愿服务，能够更有利地推动发展社会主义先进文化。公共文化设施学雷锋志愿服务的导向就是牢固树立以人民为中心的工作导向，树立红色阵地意识，把社会主义核心价值观贯穿结合融入文化志愿服务，引导人们服务他人、奉献社会，主动承担社会责任，共同建设美好生活，促进在全社会形成积极向上的精神追求和健康文明的生活方式。在具体志愿服务中，突出文化育人的功能，突出爱国主义主旋律，用中华民族创造的一切精神财富来以文化人、以文育人，大力宣传中华民族的光荣历史、优秀文化和科技成果，继承五四运动以来的革命文化传统，让收藏在禁宫里的文物、陈列在广阔大地上的遗产、书写在古籍里的文字活起来，引导人们树立和坚持正确的历史观、民族观、国家观、文化观，增强做中国人的骨气和底气。[①]在全国，已有多家公共文化场馆组建文化志愿服务队伍，对发展社会主义文化产生了积极的促进作用。

例如，近年来，东莞市常平镇桥梓村实施美丽幸福村居建设，建成爱莲广场，丰富居民生活，举办公益电影、杂技、歌舞表演、粤剧等文化惠民演出，提升了居民文化生活，丰富了精神世界，有利于构建和谐的美丽乡村。

在山东金乡县新时代文明实践中心，根据居民需求，成立文化惠民志愿服务队，通过“派单”的形式，组织“非遗项目展演·文化进万家”志愿服务项目，用文化影响乡村建设，发扬社会主义先进文化，创建了“儒学讲堂”“健康旅游文明出行”等品牌。

---

① 关于公共文化设施开展学雷锋志愿服务的实施意见 [EB/OL].http://www.xinhuanet.com/politics/2016-12/04/c_1120048345.htm, 2016-12-4.

第四章

文化志愿服务的范围

开展文化志愿服务需要明确服务范围，《文化志愿服务管理办法》中规定，文化志愿服务的范围主要包括：（一）在公共图书馆、文化馆（站）、博物馆、美术馆等公共文化设施和场所开展公益性文化服务；（二）深入城乡基层开展文艺演出、辅导培训、展览展示、阅读推广等公益性文化服务；（三）为老年人、未成年人、残疾人、农民工和生活困难群众等提供公益性文化服务；（四）参与基层文化设施的管理和群众文化活动的组织等工作；（五）参与文化行政部门和文化单位开展的文化遗产保护、文化市场监督等工作；（六）开展其他公益性文化服务。明确范围可以更精准地开展文化志愿服务，本章主要针对前四类范围进行阐述。

第一节　公共文化设施志愿服务

※

公共文化设施志愿服务是指以公共图书馆、博物馆（纪念馆）、文化馆、美术馆、科技馆等公共文化设施为主要平台，按照导向正确、文化育人、示范带动、改革创新的基本原则开展的志愿服务行动。在确保有固定场地、有专兼职工作人员、有完善管理制度、有详细工作方案的前提下，精准招募有能力、有意愿从事志愿服务的各类人群成为志愿者，包括身体健康的低龄老人、专家学者、社会知名人士和符合年龄规定的青少年学生等对象。文化场馆在社会主义精神文明建设的龙头，具有导向和示范的作用。公共文化设施志愿服务发展壮大学雷锋志愿服务队伍，大力弘扬“奉献、友爱、互助、进步”的志愿精神，丰富人民精神世界，增强人民精神力量，建设社会主义文化强国，助推实施国家创新驱动发展战略和建设世界科技强国，为实现“两个一百年”奋斗目标、实现中华民族伟大复兴的中国梦提供坚强的思想保证、强大的精神力量和丰润的道德滋养。

《中华人民共和国国民经济和社会发展第十四个五年规划和2035年远景目标纲要》中对公共文化社会服务提出新的要求，《纲要》指出：“推进公共图书馆、文化馆、美术馆、博物馆等公共文化场馆免费开放和数字化发展。”“创新公共文化服务运行机制，鼓励社会力量参与公共文化服务供给和设施建设运营。”①

2016年12月，我国公布公共文化设施开展学雷锋志愿服务首批示范单位名单，名单如下：

表 4–1　公共文化设施开展学雷锋志愿服务首批示范单位名单

图书馆	国家图书馆、上海图书馆、重庆图书馆
博物馆	故宫博物院、中国国家博物馆、中国人民革命军事博物馆、首都博物馆、山西博物院、内蒙古博物院、辽宁省博物馆、吉林省博物院、上海博物馆、南京博物院、浙江省博物馆、安徽博物院、山东博物馆、河南博物院、湖北省博物馆、湖南省博物馆、广东省博物馆、广西壮族自治区博物馆、海南省博物馆、重庆中国三峡博物馆、四川博物院、云南省博物馆、西藏博物馆、陕西历史博物馆、甘肃省博物馆、敦煌研究院、宁夏回族自治区博物馆、新疆维吾尔自治区博物馆
文化馆	天津市群众艺术馆、福建省艺术馆、山东省文化馆、广东省文化馆、四川省文化馆
美术馆	中国美术馆、中华艺术宫（上海美术馆）、浙江美术馆、湖北美术馆
科技馆	中国科学技术馆、山西省科学技术馆、上海科技馆、浙江省科技馆、山东省科学技术宣传馆、青海省科学技术馆
革命纪念馆	中国人民抗日战争纪念馆、西柏坡纪念馆、唐山抗震纪念馆、抚顺市雷锋纪念馆、阜新万人坑死难矿工纪念馆、大庆铁人王进喜纪念馆、侵华日军第七三一部队罪证陈列馆、中共一大会址纪念馆、侵华日军南京大屠杀遇难同胞纪念馆、井冈山革命博物馆、兰考焦裕禄纪念园、韶山毛泽东同志纪念馆、湖南雷锋纪念馆、遵义会议纪念馆、延安革命纪念馆

公共文化设施志愿服务主要包括社会教育、专业服务、辅助管理三部分。

一、社会教育

公共文化设施承载着社会教育的功能，文化场馆中陈列的中华民族传统文化、社会主义先进文化等以图文等多种形式呈现在参观者面前，参观

① 中华人民共和国国民经济和社会发展第十四个五年规划和 2035 年远景目标纲要 [EB/OL].http://www.gov.cn/xinwen/2021-03/13/content_5592681.htm, 2021-3-13.

者沉浸在文化场馆中见证历史，感受精神。因此文化场馆中的社会教育服务是最直接的，主要包括讲解导览、公共教育、文化活动等。

导览主要是为参观者提供各种导览与咨询服务，了解相关需求，管理文化场馆开放区域财产，维护开放区域的整洁，协助文化场馆开展各项活动。从事文化场馆导览的志愿者要求形象良好，身心健康，能够熟悉文化场馆的基本知识，使用普通话和其他规范用语，并且严格遵守文化场馆的相关规章制度，服从文化场馆的任务分配和安排。讲解则要求能够熟知文化场馆的专业知识，能够为参观者详细介绍展陈物品的相关知识，要求能用通俗易懂的语言介绍相关文化知识，需要一定的专业背景和演讲口才。公共教育和文化活动主要是指辅助文化场馆开展相关的活动，为参观者提供更多元的志愿服务。

例如侵华日军南京大屠杀遇难同胞纪念馆，该纪念馆先后被中央有关部委分别授予“全国青少年教育基地”“全国中小学爱国主义教育基地”“全国爱国主义教育示范基地”“全国文明单位”“国家一级博物馆”等。同时，也是省、市“爱国主义教育基地”和“文明单位”，在国内外具有重要的影响力。纪念馆的文化志愿服务团队叫作“紫金草志愿者”，志愿者们来自社会各行各业，秉承“铭记历史、祈愿和平、服务他人、成长自我”的工作理念，在纪念馆内从事展陈讲解、语言翻译、文明引导、关爱扶助、公益演出、宣传推广、史料研究等多项服务项目，其中展陈讲解志愿者通过纪念馆面试后，自主背诵讲解稿并接受培训，之后将负责“12”秒流星装置、“江南大地的钢盔”——乐以琴、为南京缝合创伤的罗伯特·威尔逊等五个位置的驻点讲解。队伍的建设对提升纪念馆的对外形象，更好地开展爱国主义教育，充分发挥教育基地的功能和作用具有重要的作用。

又如故宫志愿者队伍成立于2004年，主要负责讲解、咨询、参与教育项目、志愿宣讲以及宣传与保护工作，志愿者以故宫常设专馆的讲解服务为起点，目前讲解区域已覆盖故宫的6个专馆；志愿者在日常讲解服务中会随时解答各类咨询问题，为观众介绍服务设施、设计参观路线，每逢学雷锋日、国际博物馆日和中国文化遗产日等主题日，都会设专岗为游客提供咨询服务；志愿者还会参与故宫面向社会公众举办的教育项目，或提供方案创意，或担当主讲教师。自2007年起，志愿者们从故宫资源出发，以博物馆人的角度提出了十余项有特色、可操作的教育创意，许多已成为颇受公众喜爱的经典教育项目。[①]

二、专业服务

专业服务主要是参与文创开发、藏品登记、专业研究、文献翻译、陈列展览等，这一类志愿者要求有较高的专业知识水平。敦煌研究院的高端文化志愿服务项目是“敦煌文化守望者”，该项目是一个全球志愿者派遣计划，以文化保护与传播为目标的知识赋能型文化公益行动。“敦煌文化守望者”每年全球招募10名志愿者，在敦煌莫高窟进行为期40天驻留。志愿者参与世界文化遗产敦煌莫高窟的各项保护与传承工作，并通过专业化培训实现莫高窟需求与文化志愿者能力的精准匹配，进而推动文化遗产的保护、传播与创新。此外，敦煌研究院的其他文化志愿服务团队除了参与讲解服务外，也参与部分展览策划，在展览设计方面，负责中小型宣教活动的照片拍摄、视频录制以及活动设计海报，参与敦煌艺术外展的策展及设计工作。

此外，志愿者还参与相关文创开发设计，例如2019年8月，北京自然博物馆举行“博物馆之夜——绿地球之夜”活动，开展了文创市集，汇集了很多文化场馆的文创产品，大多来自志愿者设计。文创产品的开发对宣传文化场馆，提升文化影响力、亲和力具有重要的作用。

三、辅助管理

公共文化设施志愿者还有一部分是参与场馆的辅助管理，主要是行政运行、信息咨询、环境秩序维护等。包括安保、售票检票、秩序维护、环境保护等基本的工作，或者是帮助文化场馆完成新闻报道、新媒体宣传的工作。这一类的志愿者时间较为灵活便捷。

---

① 故宫博物院．志愿者服务 [EB/OL].https://www.dpm.org.cn/singles_detail/237731.html.

第二节 城乡基层文化志愿服务

※

在城乡基层社区开展公益性文化志愿服务有助于提升基层群众的文化素养，深入城乡基层开展文艺演出、辅导培训、展览展示、阅读推广等公益性文化服务，丰富群众的文化生活。城乡基层文化志愿服务可充分发挥社区的力量，以文化志愿者为骨干，以大讲堂、大舞台、大展台为主要形式，面向基层、贴近生活、服务群众，组织招募文化志愿者在各级公共文化服务设施、广大城乡基层群众之中，广泛开展文艺演出、文化艺术知识普及、技能辅导和展览展示等形式多样的文化志愿服务活动。2013年是我国“文化志愿者基层服务年”，自此，我国大力开展城乡基层文化志愿服务活动，进一步壮大文化志愿者队伍，着力培育一批文化志愿服务品牌，努力构建参与广泛、形式多样、活动经常、机制健全的文化志愿服务体系，推动文化志愿服务工作向社会化发展、制度化建设、项目化运作和规范化管理目标迈进。

例如，第四届中国志愿服务项目大赛金奖的郑州“魅力中原”系列惠民音乐会项目由郑州爱乐乐团开展，自2013年8月组建以来，以“文化中原乐动人心”为主题，先后推出了“中秋音乐会”“走进校园”“走进社区”“关爱特殊群体”“新年音乐会”等主题音乐会，把高雅艺术送进校园、送进基层、送到群众的家门口。对于特殊的孩子来说，他们平时很少有欣赏音乐会的机会，那么惠民音乐会就为他们提供了一个机会，孩子们认识到了很多乐器，并感受到了音乐会的仪式感。郑州“魅力中原”系列惠民音乐会项目不断扩大公益文化服务范围，以实际行动助力“文化中原”建设。

再如，江苏邳州市“百姓大舞台”文化志愿服务队2013年9月成立，主要指导和推动全市文化志愿者队伍的建设管理，建立一支有一定规模、具有较高素质的文化志愿者队伍，提高公共文化服务能力，促进全市公共文化服务体系的建立和完善。引导文化志愿者自愿参与、义务工作、提升自我、服务社会，在全社会营造“传递爱心，传播文明”的氛围，共同促进社会和谐与进步。百姓大舞台每年惠民15万人次，创作出大量的本土文艺精品，发现和培养众多人数人才，由于活动深入民心，邳州百姓大舞台2016年12月被文化部评为100个基层文化志愿服务活动典型案例之一。邳州百姓大舞台含周末剧场、走基层巡演服务、春节文艺大汇演等，不仅丰富群众的节假日生活，更提供了一个基层文化志愿服务平台。[①]

又如，在贵州省贵阳市花溪区，通过文艺演出的形式，搭建区域特色文化互学互鉴的桥梁，不断推动文化志愿服务规范化、常态化、品牌化、标准化建设，着力在建立机制、壮大队伍、打造品牌、项目化运作、加强培训、重视宣传等方面进行探索、实践。贵阳市的品牌社区花溪区志愿服务联合会联合菊林书院在高坡乡扰绕村开展文明宣传活动，文化志愿者利用绘画书法才能在扰绕村立面改造后的白色墙面上热情地书画以“社会主义核心价值观”“讲文明·树新风”“多彩贵州文明行动”为内容的公益性画报，制作“文化墙”，文化的改善伴随着高坡乡扰绕村的瑰丽风光形成了独具特色的乡村文化，有力推进了这个美丽的布依村落的文明进程。

① “百姓大舞台”文化惠民项目[EB/OL].http://wm.jschina.com.cn/18852/4th/cultrue/201907/t20190709_6255797.shtml, 2019-7-9.

第三节　为弱势群体或困难群众提供文化志愿服务

※

文化志愿服务的范围之一是为老年人、未成年人、残疾人、农民工和生活困难群众等提供公益性文化服务，这一类服务对象较为具体，针对不同群体的特点可以开展与之相关的服务，老年人、未成年人、残疾人、农民工和生活困难群众往往因为物质和自身身体条件的限制，不能更广泛地直接参与文化活动中，但文化对丰富生活品质、提升生活追求又有着重要的作用。此外，为弱势群体或困难群众提供文化志愿服务也体现了中华优秀传统文化中扶贫济困、尊老爱幼的美德，因此，对这一类群体开展文化志愿服务应该是重点关注的范围。

第四届中国志愿服务项目大赛金奖项目——武汉纺织大学蓝灯志愿团、武汉市武昌区蓝灯儿童社会工作服务中心的“寻找中国的绣娘”，则是巧妙地将社会需要帮扶的弱势群体和传承汉绣文化相结合，运用艺术疗法，教授自闭症儿童及其女性家长开展绣、染、编、织课程，将制作的作品放到网上拍卖，帮助困难家庭脱贫。蓝灯志愿团关爱自闭症儿童“蓝灯行动”发起于2011年，年均举行活动30次，教学模式扩展到10所高校，2000多名志愿者参与，3000多名自闭症儿童及其家庭受益，志愿服务时长达8100个小时。

第四届中国志愿服务项目大赛金奖项目——南京师范大学“大音曦

生·让世界听见”——特殊儿童传承非遗计划以艺术为主体，国家非遗“独山花灯”为特色，以舞蹈音乐治疗为形式，以达到提高特殊儿童自我认同感的目的。“独山花灯”是贵州南路花灯的代表，历史悠久，产生于民间，长期流行于民间，具有浓郁的乡土气息和鲜明的地方特色，在贵州花灯中独树一帜，如今却面临传承无人、发扬无方的窘境。独山沁元学校是独山县仅有的一所特殊教育学校，在校学生总人数为108人，半数以上残障学生家庭较为困难，学生缺乏自我认同与社会关注。南京师范大学研究生支教团关注到这一现状，希望组建以花灯为特色的梦想艺术团，为这群特殊儿童带来精神与经济上的帮助。项目由上海大音曦生基金会赞助，由志愿者联络、聘请兼职教师，以花灯为特色、艺术为载体，对孩子们进行各类艺术培训，同时研究生支教团同学积极结合自身专业优势，为孩子们提供心理辅导、改善教学。在艺术团成型后，多次凭借代表作品参加县州级演出比赛、发行文创产品，“大音曦生”梦想艺术团在全国范围内提供了“1+1+N”的模式，即1个特殊群体、1支艺术团、N项非遗，沁元学校采取老人带新人的方式，发挥特殊人群之间交流便利的优势，更好地进行艺术传承，具有极强的可复制、易推广性。①

第四届中国志愿服务项目大赛金奖项目——江苏省人民医院“仁医之声”音符有爱志愿服务项目则将病患陪伴和艺术相结合，开发文化志愿服务和医疗救助相结合的志愿服务项目，在小花园和病房内，志愿者们为住院患者和家属表演音乐节目；在手术等待间内，志愿者们播放轻音乐陪伴即将手术的患者度过最紧张恐惧的时刻。“仁医之声”音符有爱项目依托江苏省人民医院医务办，为了提升服务专业性，医院专程派人前往美国南加州大学，系统学习艺术治疗专业知识，对接15家爱心平台，成立三年来，每周一至周五不间断地为所有外科手术患者提供术前等待陪伴服务，还逐步增加了电影放映、按摩沟通等形式，直接服务人数近1.5万人，成功鼓励了很多患者重拾信心、对抗病魔。②

① 南京师范大学研究生支教团在第四届中国青年志愿服务项目大赛中摘金夺银 [EB/OL].https://baijiahao.baidu.com/s?id=1620452649265777952&wfr=spider&for=pc, 2018-12-21.

② 江苏8个项目荣获中国青年志愿服务项目大赛金奖 [EB/OL].http://cmstop.cms.cnxz.com.cn/p/29150.html，2018-12-6.

南京市栖霞区图书馆特殊人群电影导赏志愿服务项目旨在关心残疾人群体，以南京市栖霞区图书馆和南京市特殊教育学院志愿者为主体，为服务对象精心设置了文化空间，除了为他们打造电影导赏项目外，还充分利用非物质文化遗产资源开发适合特殊人群的文化体验，让他们感受到文化的魅力。

实例分享4-1

“我是你的眼”——特殊人群电影导赏志愿服务项目[①]

一、实施组织（团队）概况

南京市栖霞区图书馆特殊人群导读志愿者服务队以服务全区有阅读需求、精神文化需求的特殊人群为宗旨，以区图书馆为中心，在馆内及全区开展各类型文化活动，丰富特殊人群精神文化生活。打造了“我是你的眼——为盲人讲电影”活动，栖图“特殊人群手工课”活动和“志愿者带您玩转栖图”等具有针对性的系列活动。在市、区级媒体上有宣传和报道。

二、项目实施方案

2016年，随着全民阅读工作在栖霞区如火如荼地开展，越来越多的读者走进图书馆读书，越来越多的人参与到了全民阅读的推广工作中来。但是，栖霞区图书馆虽然有完善的残疾人阅读设施，却因为残疾人行动不便、知晓率不高等问题导致该群体到馆率不高。为了进一步推动全民阅读推广工作，进一步开展分众阅读工作，充分利用馆内阅览室和先进设备，栖霞区图书馆联合区残联、社会组织和热心人士针对残疾人和其他有特殊阅读需求的人群开设活动。

目前为止项目主要内容有：“志愿者带您玩转栖图”系列活动、“我是你的眼——为盲人讲电影”系列活动、栖图“特殊人群手工课”活动。主要活动地点在栖霞区图书馆，未来将会扩展到全区。目前的受益对象主

① “我是你的眼”——特殊人群电影导赏志愿服务项目 [EB/OL].http://wm.jschina.com.cn/18852/4th/cultrue/201906/t20190624_6236606.shtml, 2019-6-24.

要是残疾人和一些身患疾病、身体不便的人，年均服务约3000人次。

项目活动的开展时间一般在假期和周末，地点目前均在图书馆内。目前的活动内容如下：

1.“志愿者带您走进栖图”系列活动

定期开展“志愿者带您玩转栖图”系列活动，由区残联组织特殊人群到馆，由志愿者介绍图书馆各个阅览室功能，介绍图书馆一些设备的使用方法和数字资源的使用方法等等，推进栖霞区图书馆全民阅读活动和分众阅读工作的开展；

2.“我是你的眼——为盲人讲电影”系列活动

在图书馆的资源播放室播放电影，由南京特殊教育师范学院的师生为大家提供现场的手语翻译、旁白解说等等服务，让特殊人群能够享受正常的观影乐趣，同时培养学生的公益服务精神和专业素养。有时也会播放由学生们提前制作好的配有手语讲解的影片。

3.栖图“特殊人群手工课”活动

栖图邀请了非遗传承人葛传民老师在工具书阅览室为特殊人群专门举办了手工课堂，让身体有不便的人们能够更好地体验到非遗文化，感受到栖霞区的文化底蕴及魅力。

三、项目特色

栖霞区图书馆特殊人群导读志愿者服务队开展的一系列活动极大程度的丰富了全区各类特殊读者的精神文化需求，让身体不便或有特殊需求的读者也能够正常享受阅读乐趣。而这些志愿者活动也受到了媒体的关注，在社会上引发了一阵学习雷锋、助残爱残的良好风气。另外，图书馆同样也是特殊教育师范学院师生良好的学习、实践基地，随着跟各类特殊人群接触得越来越多，他们更加了解特殊人群的需求，能够在真正走上社会之后做好面向特殊人群的各类服务工作。

第四节 参与基层文化设施的管理和群众文化活动的组织等

※

参与基层文化设施的管理和群众文化活动的组织是推动群众文化活动、提升文化志愿服务水平的一个重要工作。基层文化设施的管理和群众文化艺术活动需要贴近群众，顺应时代潮流的发展，符合群众的审美取向。基层文化设施的管理大到文化馆、文化中心等基础设施的维护和建设，小到居民社区中活动中心的基础设施等，因此，参与基层文化设施的管理从物质条件上支持了文化志愿服务活动。群众文化活动的组织则包括相关工作人员和参演群众的组织、活动场地的选择和布置、资金来源、灯光调试等多个环节，每一个基层群众文化活动的组织还要充分考虑当地情况和地域特色，尽量最大程度动员更广泛的群众参与其中。参与基层文化设施的管理，组织开展好群众文化活动能够直接帮助人民愉悦身心，缓解紧张情绪，如原本零散举行的广场舞、太极拳等娱乐活动，经由文化志愿者有效的组织、宣传和传播后，可以保证此类文化活动的持久性，促进更快更好地发展。虽然近年来基层文化设施建设不断提升，但依然还存在着供不应求或未能发挥作用的情况，"一些社区、乡镇图书室、剧场、活动场等文化设施面积不够，开展活动还要租借学校等单位的场地，这对开展基层群众文化活动造成影响。由于乡镇文化站划归乡镇管理，一些投资建设的文化阵地被挤占或挪用，一些设备流失。社区、乡镇文化站的专业干部兼搞其他工作，与业务管理工作脱节，乡镇文化工作管理体制不顺。基层文化活动经费紧缺，对开展正常群众文化活动造成极大不便。”①部分地区已经配备专职工作人员，并鼓励“三支一扶”大学毕业生、大学生村官和志愿者共同从事基层文化设施的管理，在一定程度上可以缓解基础设施管理问题，可见文化志愿者的作用十分重要。

成立于2009年的山东省文化馆文化志愿服务队开展常规的志愿服务项目之外，还大力帮助其他地方建设文化志愿服务基地，“2017年以来‘暖阳春苗’文化志愿服务项目组建设了一批‘暖阳春苗文化志愿服务站’，在山东省17市陆续挂牌成立，为乡村学校少年宫提供文化艺术辅导培训志愿服务。2017年以来，先后与山东大学国际教育学院、山东省政法学院、齐鲁工业大学、山东省军区济南第二离职干部休养所、济南市荣军医院、济南燕山社区养老服务中心、千佛山东路社区居委会联合建立‘文润心田——感触传统文化的灵动’文化志愿服务基地，为常态化服务搭建平台。”②文化志愿者参与文化设施的管理为开展文化志愿服务提供更好地保障基础。

成立于2004年的北京市朝阳区文联文艺志愿服务队组织开展“翰墨朝阳”书法艺术辅导、“旋舞朝阳”交谊舞辅导、“镜头中的朝阳”摄影沙龙等多项志愿服务活动，尤其是在群众文化活动的组织中有很高的影响力，志愿服务队积极动员文艺骨干和社区文艺爱好者将艺术培训带进社区，引领群众自觉投身于文化志愿服务中，“下基层送欢乐”“艺术家进社区”“春节送春联”“八一文艺慰问”等多种形式深受社区居民的喜爱。③

文化志愿服务的范围除了上述四类之外还有参与文化行政部门和文化单位开展的文化遗产保护、文化市场监督等工作和开展其他公益性文化服务。文化志愿者可根据实际情况选择志愿服务的范围。

---

① 张丽梅．县级文化馆开展群文辅导工作的探讨 [C].《决策与信息》杂志社．决策论坛——政用产学研一体化协同发展学术研讨会论文集（上），2015:164.

② 山东省文化馆文化志愿服务队 [EB/OL].http://www.wenming.cn/specials/zyfw/2019sg100/zjzyfwzz/201912/t20191211_5348394.shtml, 2019-12-11.

③ 北京市朝阳区文联文艺志愿服务队 [EB/OL].http://www.wenming.cn/specials/zyfw/2019sg100/zjzyfwzz/201912/t20191211_5348516.shtml, 2019-12-11.

第五章

文化志愿服务的形式

文化志愿服务可以采用丰富多样的形式，这些形式之间相互作用可形成文化志愿服务体系。灵活综合运用服务形式可以更好地开展文化志愿服务，针对不同服务对象，选择对应的文化志愿服务形式，可以更好地展现文化的魅力，实现文化的教育功能。从文化的传播方式和志愿服务对象的不同需求，可以分为文艺演出、全民阅读、培训辅导、文化艺术导赏、文化体验、展览展示、文化交流、文化扶贫、文化氛围营造和产品保护开发等形式，本章将重点阐述这些形式，从而指导志愿者开展文化志愿服务。

第一节　文艺演出

※

文艺演出是传播文化最直接和显性的形式，文艺演出融其艺术性、娱乐性、参与性为一炉，具有愉悦心神、陶冶情操的娱乐功能，深受观众的欢迎和喜爱，主要有歌舞、曲艺、戏剧、器乐演奏等等。文艺演出在开展文化志愿服务中被普遍选择，这一形式适合大型群体服务对象，参与人数较多，覆盖面广，可以发挥志愿服务的集中优势，可以基本满足大型群体的多个方面，以文化惠民志愿服务为主。近年来，政府主导的公共文化服务建设就是通过各类的文艺活动、公益演出、艺术展演等形式丰富群众的精神文化生活，满足公众日益增长的文化服务需求，除了政府购买力度不断加大之外，文化志愿者的公共文化演出也是如火如荼地进行，例如“文艺下基层惠民”“周末剧场”“精品剧目展演”“高雅艺术进校园、进社区”等主题文化志愿服务活动填补政府主导的不足。

以银川市文化志愿服务活动为例，2018年，围绕“绿色、高端、和谐、宜居”城市发展理念，银川市文化事业坚持以人民为中心，积极夯基础、出政策、建机制、搭平台、推精品、强队伍、促发展，进一步补短板、强弱项，扎实推进文化繁荣兴盛。针对银川市民的文化需求，银川坚持开展深入推进“四送六进”文化惠民活动，全面推行菜单式、订单式服务机制，推行“你点单·我送戏”服务模式，通过“大舞台、大讲台、大展台”等服务形式，满足群众文化需求，全年共完成送戏下乡演出、广场文化演出2000多场次，送图书60万册次，举办各类公益性艺术培训300次，放映公益电影超1万场次，切实将群众喜闻乐见、寓教于乐的优秀文艺作品送到群众身边。把文化惠民落在实处，打通公共文化服务最后一公里。

以上海市红色轻骑兵为代表的城市文化志愿者用最轻便、最简洁的方式把文化大餐送到群众需要的地方，自备乐器、自带音响设备，有观众的地方就是发光发热的舞台。奉贤区红色轻骑兵在新春佳节等节日，前往街镇、社区、农村、部队、福利院等送去慰问演出，沪剧、越剧、杂技、舞蹈、器乐等等构成了一场场文化盛宴。徐汇区红色轻骑兵在滨江建设者之家给工友们带来精彩的文艺演出，“大地情深”元旦新春文化文艺小分队在元旦和春节期间还陆续走进大华医院、上海南站、华泾养老院等地，开展文化进校园、进楼宇、进工地、进绿地等“十进”文化服务活动。

实例分享5-1

胶州市新时代文明实践——“文化串门”演出志愿服务项目①

一、项目概述

胶州市新时代文明实践——“文化串门”演出志愿服务项目前身为胶州市邻里艺术团“文化串门”演出志愿服务项目，自2015年7月开始，由胶州市文明演艺志愿服务队实施，旨在探索公共文化服务供给新模式，通过成立管区“邻里艺术团”开展“串门式”村村巡演的方式，培养群众“自编自导自演”能力，实现“节目群众编、节目群众演、节目群众看”的良性循环，丰富群众精神文化生活。项目开展以来，全市811个村庄平均每个村每年可以观看到5场不同的演出。

2018年7月，胶州市推进新时代文明实践试点建设，围绕中央“学习实践科学理论、宣传宣讲党的政策、培育践行主流价值、丰富活跃文化生

① 中国文明网．胶州市新时代文明实践——“文化串门”演出志愿服务项目[EB/OL].http://www.wenming.cn/zyfw/2018sg100/zjzyfwxm/201811/t20181128_4914532.shtml, 2018-11-28.

活、持续深入移风易俗”5项要求，针对“丰富活跃文化生活”方面，胶州市将邻里艺术团“文化串门”演出志愿服务项目整合为新时代文明实践——“文化串门”演出志愿服务项目。广大群众足不出户，在家门口就能欣赏到老百姓自导自演的文化活动，既丰富了群众文化生活，又改善了邻里关系，拉近了村庄之间的情感距离。

二、亮点成效

群众需求导向，百姓舞台接“地气儿”。把满足人民日益增长的美好生活需要作为着眼点和着力点，准确对接群众“登台表演、展示自我”的文化需求，创新实施“文化串门”演出志愿服务项目，以全市12个镇办107个管区为单位，组建67个“邻里艺术团”，采取“文化串门”演出的形式，在村庄之间、管区之间、城乡之间开展巡回演出，节目群众出、节目群众演、节目群众看，深受广大群众喜爱。

志愿服务引领，才艺培养聚“人气儿”。发挥志愿者的主体力量，各管区以村庄有文化基础、有文艺才能的村民和文艺爱好者为主体，分别成立“邻里艺术团”文化串门演出志愿服务队，解决了“由谁来演”的问题。市文明演艺志愿服务队330名志愿者对全市67个“邻里艺术团”开展免费培训，并为全市“邻里艺术团”量身打造了600多个精品节目，有效提升了群众文化水平。

完善运行机制，健全保障有“底气儿”。胶州市设立专项资金，扶持67个“邻里艺术团”开展“文化串门”演出志愿服务项目，为项目开展提供了资金保障。健全表彰激励机制，每年表彰10个优秀“邻里艺术团”，对项目中涌现出的文艺骨干志愿者授予“优秀文化带头人”荣誉称号，激励志愿者积极开展“文化串门”演出志愿服务项目。

第二节　全民阅读

※

2016年12月27日，《全民阅读“十三五”时期发展规划》发布，全民阅读已成为构建学习型社会，提升群众文化生活的重要途径，读书对于一个国家和民族的文明传承，文化传播具有重要的推动意义，营造一个书香社会，推进全民阅读的热潮也是文化志愿服务中的重要形式。2021年3月，《中华人民共和国国民经济和社会发展第十四个五年规划和2035年远景目标纲要》中对推进社会主义文化强国建设作出具体规划。其中，在第三十五章第二节完善公共文化服务体系部分明确提出“深入推进全民阅读，建设‘书香中国’”。可见推进全民阅读是提升公民文化水平，丰富公民文化生活的重要环节。随着社交媒体的发展，全民阅读也从纸质阅读发展到融媒体阅读，这也给文化志愿服务的形式提出了更高的要求。一些城市图书馆和文化志愿服务队伍合作开发出了读书会、分享会、诵读文化展演等项目，在推广全民阅读中起到了主力军的作用，在公共文化不断开发的进程中提高了全民阅读的意识，增强了文化内涵和魅力，营造了该地区的文化氛围。

实例分享5-2

“书香银川”全民阅读活动[1]

2018年，银川举办了第二届宁夏乡村读书节，推荐评选“阅读之星”36名、“农民故事大王”42名、“农民朗读大赛”48名，开展“道德传家·乡村讲堂”活动72场，活动期间金凤区、兴庆区、西夏区、贺兰县和永宁县开展120多场乡村读书节阅读推广活动。

完善“城市阅读岛”的服务和管理机制，城市阅读岛平均每天接待读者1300多人，除2018年新建的10个城市阅读岛外，2017年建成的20个城市阅读岛全年接待读者50多万人次，小小“岛屿”方便市民随时随地享受“书式”生活。

成功举办了“书香满城·阅美人生”2018世界读书日阅读嘉年华，开展了优秀图书展销活动，为市民带来了阅读盛会，活动还启动了朗读者大赛，吸引了635名选手通过朗读亭海选、线上APP直播、地面海选等三种方式报名。

举办“不忘初心、牢记使命”全市干部职工朗诵大赛，经过初赛、复赛，最终决胜出20支获奖团体和30位获奖个人，“七一”到来之际，在银川市行政中心礼堂举办了优秀节目展演暨颁奖典礼。

开展“书香银川阅月相约”活动，利用公众号等新媒体线上推荐经典书籍，在线下举办了苏阳签售会、“宁夏的声音”读书会等活动，全面提升全民阅读的社会影响力，在2018银川文化消费品牌评选中，“书香银川阅月相约”读书平台荣获“十大数字文化品牌”称号。

举办2018银川图书博览暨市民读书节活动，举办了汉字听写大会、朗读大赛、书香银川代言人大赛等12个子活动及现场图书展销、图书馆服务进商圈等特色活动，活动持续9天。

---

① 中国文明网.第二届银川乡村读书节落幕[EB/OL].http://nxyc.wenming.cn/whsy/201809/t20180911_5433692.html, 2018-11-27.

实例分享5-3

“互阅书香”图书捐赠及图书交换志愿服务项目[①]

“互阅书香”图书捐赠与交换文化志愿服务项目是为广大读者搭建的分享阅读、交换快乐的文化平台，于2014年6月开始实施。项目依托首都图书馆自身优势，借助文化志愿者的力量，每周六、日固定时间固定地点开展图书交换和图书捐赠文化志愿服务活动，吸引读者走进图书馆，丰富读者的个人藏书量。项目同时提供图书援建的对接平台，进一步拓展了首都图书馆的服务功能，推动全民阅读活动的深入开展。

项目自2014年开展至今，参与志愿者达4142人次，交换图书20多万册，接收捐赠图书40820册，受益人群已达到94000人次。仅2018年“互阅书香”项目共募集图书4.5万余册，累计捐赠金额达到125.8万元。项目成功援建了15家爱心图书室，援建图书近9万册。项目在全市公共图书馆也起到引领和示范作用，目前已成功复制推广到各区公共图书馆。

项目实现了图书交换的常态化和制度化服务。每周六、日固定时间固定地点的图书交换和捐赠活动，实现了“让家中闲置的图书走起来”的目标，推动全民阅读活动的开展；制定了《图书交换、捐赠规则》《图书交换工作手册》《志愿者手册》等相关规则，规范文化志愿服务流程，项目的规范化、制度化，有效地保障了交换图书的质量，提高了换书效率，避免了图书不明流向和资源浪费。

项目搭建了文化志愿服务交流的平台。一是搭建了志愿者之间、志愿者与读者之间的文化志愿服务交流平台。文化志愿者采用骨干带新人的模式，他们专业的服务、热情的态度，让很多来换书的读者感觉温暖，彼此之间都成为朋友。二是搭建了社会组织参与文化志愿服务、实现社会公益价值的平台。项目充分发掘社会单位力量，优势互补，搭建资源共享平台。人民出版社、人民邮电出版社等20多家出版社，首都文明办、公共文明协调办等多家社会单位共捐赠图书2万多册。

---

① 中国文明网.“互阅书香”图书捐赠及图书交换志愿服务项目[EB/OL].http://www.wenming.cn/zyfw/2018sg100/zjzyfwxm/201811/t20181127_4912610.shtml, 2018-11-27.

项目承担着援建和文化交流的职责。项目针对图书资源短缺、阅读需求强烈的单位和组织，开展援建爱心图书室的志愿服务活动，共援建了北京市第二监狱等15家爱心图书室，援建图书近万册。2017年项目又承接了“春雨工程”文化精准扶贫任务，“互阅书香”项目与云南、新疆、张家口等贫困省市对接，开展文化精准扶贫。截止到2018年10月，“互阅书香”项目共援建15个爱心图书室，援建图书8.7万余册，援建金额达到221.8万余元。

实例分享5-4

天津图书馆经典诵读志愿者服务项目[①]

一、 丰富主题活动 导向正确 弘扬正能量

天津图书馆经典诵读活动，使阅读以艺术形式得到进一步延展，将阅读与诵读艺术完美结合，组织广大读者一起阅读经典、品味经典、诵读经典，受到广大读者的欢迎，成为图书馆重要的品牌读者活动之一。常年活动的开展，打造了一支高素质的志愿者团队。日常主题活动紧紧围绕弘扬社会主义核心价值观这一核心内容，通过开展“让阅读插上声音的翅膀”经典诵读系列活动，充分发挥了图书馆传播文化、弘扬正能量的职能，使全民读书活动增加了新的内容，注入了新的活力。

二、贴近群众 面向群众 扎根基层 活动主题鲜明

依托图书馆为平台，开展丰富的阵地活动的同时，面向群众、扎根基层，将优秀的诵读作品送到社区、部队、基层单位。清明节我们与读者一起“在文字中遇见故人 在诵读中感悟春天”；“世界读书日”我们和读者一起品味经典篇章，深入人民公园、越秀路街社区等，志愿者们与广大读者在思想和情感上交融、碰撞，擦出了靓丽的火花，使活动富有生命力和影响力。

① 中国文明网．天津图书馆经典诵读志愿者服务项目[EB/OL].http://www.wenming.cn/zyfw/2018sg100/zjzyfwxm/201811/t20181129_4915182.shtml, 2018-11-29.

三、关注特殊读者 组织诵读 志愿者参与文化帮教

通过在监狱、劳教等分馆开展文化帮教活动，争取让服刑人员感受到社会的关爱，积极配合改造，早日回归社会，深入各戒毒所连续多年开展文化帮教活动，发挥自身特长，编排小品、朗诵剧、诗朗诵等，让被监管人员内心受到触动，痛哭流泪，决心洗心革面、重新做人。此项活动的开展得到了市监狱局、劳教局的高度评价，成为社会参与文化帮教的典型案例在全国推广。

四、多年运作 长效规范

天津图书馆经典诵读志愿者服务团队，通过规章制度的建立、定期对志愿者进行培训、邀请名家名师现场指导，使这支志愿者队伍健康有序发展。我们力争每一位志愿者在积极投入志愿服务的同时，让大家都得到成长和收获，充分调动了志愿者的服务热情。在图书馆很多读书活动中都活跃着他们的身影，他们是读书比赛活动中的评委，是读书活动的主持，是公益讲座活动的秩序维护者，是读书论坛的分享嘉宾。

第三节　培训辅导

※

文化志愿服务的一个重要形式是开展培训辅导，具有专长的各类文艺人才面向基层群众开展文艺培训文化辅导等各类技能和技术支持。培训辅导多在基层社区、部队院校等开展系列讲座，主要项目有“文艺类普及培训”“精品文艺团队辅导”等，不仅培养了文艺人才，还提升了基层文化服务能力，丰富了人民群众的文化生活。高质量的文艺培训辅导可以有效补充文化供给，尤其是对特殊人群和中西部地区、农村等。在培训辅导中，因为每个群体接受能力不同，文艺技能基础不同，因此在设计培训辅导时应设置基础课和提高课或演出前强化课等不同阶段的课程，在培训过程中，志愿者应该有耐心，帮助受培训对象做到及时总结和巩固。开展培训辅导不能只是单纯的灌输式，还应该根据培训对象的特点设计一些有共鸣有特色的文艺节目，帮助建立当地文化志愿服务品牌，将培训对象培养成为本地文化活动的核心力量，从而能更好地影响其他群众。

对于文化志愿者来说，开展培训辅导需要有一定的文艺技能，无论是歌舞、书画等都要有专业技能，用专业能力来帮助爱好文化艺术的群众提升文化艺术水平。为了更好地开展培训辅导，文化志愿者还应该有一定的教育教学技巧和能力，学会洞察培训对象的心理特点和行为特点，因地制宜、因人而异地开展培训辅导。

实例分享5-5

南昌市妇联“心语艺术课堂”①

一、项目背景及初衷

随着中国经济的快速发展，外出务工人员的经济收入日益提高，以前留守儿童面临的物资短缺问题逐渐得到缓解。而留守儿童的心灵世界，则更多地需要外界关注。留守儿童面临最大的问题是缺乏父母的爱，而艺术的关爱就是一种很好的方式。基于此，2015年起，南昌市妇联发挥党和政府桥梁纽带作用，整合资源，以“心语的沟通、言语的抚慰”为特色，采用“妇联牵线、爱心单位出资、社会组织承接”模式，在安义县、南昌县等留守儿童较集中的县区乡村学校，实施“心语艺术课堂”项目至今。

二、项目内容及推进

1.艺术课堂

自2015年以来，南昌市妇联整合资源，精心策划，在安义县、南昌县试点开展“心语艺术课堂”巾帼志愿服务项目，以留守儿童为服务对象，通过打造“心语图书室”、组建“心语”志愿服务队与留守儿童开展“心连心”情感互动，针对留守儿童以每周3个课时、连续16周开设书法、绘画、合唱、器乐等一系列艺术课堂，努力提高孩子们的艺术修养和审美情趣，丰富农村留守儿童的精神文化生活，实现城乡儿童一样健康全面发展的目标。

2.心语图书室

由所在地学校出教室、爱心单位出资、志愿者出力、妇联组织监管，筹建“心语图书室”，为留守儿童提供丰富的书籍资源、安静的阅读环境，激发学生的学习兴趣。2018年，已在安义县黄洲镇黄洲小学、南昌县幽兰镇园艺场新庄小学建设“心语图书室”，配备图书1000余本、羽毛球、跳绳、象棋、五子棋等课外活动器材数十套。

① 中国文明网．南昌市妇联“心语艺术课堂”[EB/OL].http://www.wenming.cn/zyfw/2018sg100/zjzyfwxm/201812/t20181204_4923313.shtml, 2018-12-4.

三、项目成果

“心语艺术课堂”项目提高了留守儿童文化艺术素养和审美情趣，丰富了孩子们的精神文化生活，推动了全市留守儿童精神文明建设，在一定程度上实现了留守儿童和其他儿童一样健康全面发展的目标。在“心语艺术课堂”项目逐步推进实施的过程中，孩子们逐渐感受到艺术的魅力，产生了浓厚的学习兴趣，并得到了心田的滋润。项目的实施也对农村家庭的教育理念进行了一次良好的输送和更新。有些农村家长原本认为，只要读书好，唱歌跳舞蹈画画什么的都不要紧。但在项目实施过程中和项目结束后，他们亲眼看到自己孩子的快乐释放和点滴进步，特别是看到比较调皮淘气的孩子在上课前后的转变，农村家长们更加认识到了教育的重要性以及艺术教育的魅力。

实例分享5-6

松原市群众艺术馆“乡‘约’文化——文化服务乡村行”①

一、项目概述

吉林省松原市群众艺术馆以社会主义核心价值观和文化志愿服务精神为统领，将发展乡村文化作为公共文化服务体系建设的有益探索，构建起“创、培、赛、演”四大平台农村文化志愿发展模式，文化志愿服务已遍布全市78个乡镇1140个村，成为松原精神文明建设一道靓丽的风景线。

二、亮点成效

1.以文化阵地为依托，创建高水平服务平台

一是不断优化文化志愿者服务队伍，多渠道招募专业文艺院团、馆办团队、大学生服务团队、农村文化骨干等，并通过每年的服务考核、基础培训不断提高服务队伍质量。二是将文化志愿服务活动向基层、向农村倾斜，辐射到各乡镇、村委会、文化大院、三室一场等文化阵地，开展送文

① 中国文明网．松原市群众艺术馆“乡‘约’文化——文化服务乡村行”[EB/OL].http://www.wenming.cn/zyfw/2018sg100/zjzyfwxm/201811/t20181128_4914933.shtml.

化技能培训、送演出等活动，示范带动更多有一技之长的文化热心人加入志愿服务，让文化志愿服务在乡村遍地开花。

2.以“蒲公英计划”为抓手，提供高质量培训平台

实施乡村文化振兴“蒲公英计划”，聘请专家和文艺辅导干部分批次培训农民文艺骨干和文化志愿者，再由志愿者层层下沉，层层培训，进村屯、进文化大院，实现了市、县、乡（镇）、村（屯）四级公益文化活动的全覆盖。

3.以基层发动为初心，打造高规格赛事平台

采用以比赛促发展、以比赛创品牌的方式，创新推出农民广场舞大赛、农民才艺大赛、农民歌手大赛、农民二人转大赛和农民秧歌大赛等品牌赛事，文化志愿服务贯穿整个活动之中。这些以农民为参与主体的文化品牌赛事坚持每年开展，受到农民朋友的热烈欢迎。

4.以文化交流为载体，搭建高层次惠农展演平台

通过文化下乡、文化扶贫等活动载体，促进文化惠民项目与文化需求的有效对接，让文化志愿服务者与农村涌现出的优秀文化团队同台竞技，用文艺演出搭建与农民兄弟的连心桥。

第四节　文化艺术导赏

※

文化艺术导赏近年来成为当下最热门的“文化菜单”。导赏类的文化讲座、艺术教育活动等成为剧院、剧团开展文艺演出的延伸服务，观众更愿意选择高雅艺术“欣赏+知识普及”的模式，不仅从表面上感受到文化艺术的魅力，更从深层次了解文化背后的知识，从而全方位提升文化修养，将文化变为知识储备。而文化艺术导赏这一种形式也促进了文化的广泛传播，增加了受众。例如戏曲进校园的二十年来，越来越多的大学生成为传统戏曲的粉丝，不仅因为学生有更多途径接触到文化艺术形式，更是因为有专业人士给他们带来知识的普及，让他们发掘艺术的美学价值。文化艺术导赏的志愿服务形式增加服务对象的兴趣，更能解决其“如何看懂，怎么欣赏”的诉求。目前，一些大城市广泛开展此类服务，如在上海首批授牌的市民终身学习文化体验基地的上海中华文化宫，导赏志愿者有30多位，每月推出一次海派美术精品“名家名作导赏”，这个活动颇受市民欢迎，每次在网络平台开放预约，参与名额“秒没”，担任导赏员的不是权威专家学者而是一批热心的对艺术爱好的志愿者，导赏志愿者的热情真切也和艺术品一道成为艺术导赏的独特魅力，上海中华文化宫的“名家名作导赏”系列活动成了配套的品牌项目。此外，重庆中国三峡博物馆的“伴你游——中华优秀传统文化导赏”志愿服务项目也为群众提供了文化服务。

文化艺术导赏不仅要介绍这类艺术门类的时间、地点、发展历史等，更要引导服务对象去探究文化的艺术价值，文化艺术导赏不能只是照本宣科式的介绍，而应符合服务对象的特点，因此艺术导赏产生的初衷是为了迎合或者服务大众市场。艺术导赏类的志愿服务在开展通俗类艺术作品时应该更迎合服务对象的口味，而对于较为高深冷门的作品时，应拉进艺术和服务对象的距离，通过导赏使观众有更好的感受。艺术导赏实质上是提升了群众的艺术素养，反过来也可以促进艺术的蓬勃发展。文化艺术导赏也有其具体的形式，包括文章导赏、座谈会导赏和讲座导赏。文章导赏可利用新媒体媒介对文化艺术进行知识普及，座谈会导赏是演出结束后的互动交流会，讲座导赏则是知识性强的充分解说，三种方式都有其优缺点，志愿者可以根据演出具体内容来选择。

实例分享5-7

临沂大剧院文化惠民[1]

自2015年1月1日启用以来，临沂大剧院始终贯彻“文化惠民”的思路，坚持把社会效益放在首位，在践行引进、普及、推广高雅艺术文化使命的同时，主动创新思路办法，大力实施文化惠民工程，积极做好公共文化服务，为全市补齐公共服务短板、实现文化小康搭建起全新的服务平台。

自运营以来，临沂大剧院始终坚守“艺术性”标准，甘做“高雅艺术星空的守望者”，大手笔引入高端演艺节目，在文化临沂建设中发挥了示范引领和标杆作用，成为临沂市民心目中神圣的文化艺术殿堂……

开展免费服务，实现共建共享。依托自身演出资源优势，定期开展剧院开放日、高雅文化走基层等免费公共文化服务，每年举办公益性质演出达15场，影响观众3万多人；针对教育机构、企事业单位等不同观众，签署

① 临沂大剧院文化消费季：惠民演出让文化更亲民 [EB/OL].http://ly.wenming.cn/jjym/201709/t20170918_4764329.html, 2017-9-18.

战略合作协议，在特殊节日邀请学生、教师、医生、环卫工人、公安干警等免费观看演出，感受艺术的熏陶，引导广大群众亲近艺术、体验艺术、参与艺术。以文化利民、乐民、惠民为本，开展艺术知识普及、艺术培训、高雅艺术导赏、高雅艺术进校园等活动，走进文化中心、临沂大学、老年大学、中小学等公共场所，邀请市民进行免费的文化知识培训。启动两年多的时间内，共举办高雅艺术导赏200余次，声乐知识讲堂、大师班等100余课时。

创新参与模式，促进交流互动。实施群众参与计划，充分利用临沂大剧院与市民互动的线上线下平台，实施群众“点单”，剧院“配餐”，定期根据市民需求和社会反响情况，确立节目引进计划。与临沂大学合作举办名师名家进校园活动，让大学生亲身感受非物质文化遗产的魅力；举办《临沂大学“敦煌”民族管弦乐团音乐会》，为观众带来了一场民族艺术的视听盛宴；与各大名校建立战略合作模式，拓展一批青少年艺术培训基地，继承优秀文化艺术的同时努力创新教学模式，让青少年拥有更多实践机会。

第五节　文化体验

※

随着人们经济物质生活的不断提高，人们对精神需求的供给要求更高，旅游等文化消费逐渐增加，但人们已不只满足于自然风光和人文风俗的游览，而是更喜欢互动性强的文化体验，传统的文化志愿服务不仅是单方向的文化传输，也需要根据人们的需求而形成双向的互动式交流，文化体验类志愿服务就提供了一个有效的路径。文化体验是公共文化空间的延伸的独特文化景观，一定的体验可以增进人与艺术的距离感，增强对地域文化或专项文化的认同感，志愿者作为文化体验的桥梁，应秉持以人为本的观念，主动开发文化体验项目，发挥文化优势，打造品牌效应。一些服务对象可能没有太多时间长久地投入某一项文化志愿服务中，那么文化体验这种即时性强、趣味性强的活动会更容易让服务对象参与其中，较为直接迅速地感受文化的多元魅力。志愿者在设计文化体验项目时应更重在内容有趣且互动性强，此类文化志愿服务项目多以趣味问答、现场学艺、现场体验等形式开展。以南京中医药大学为例，志愿者利用学科优势开展“中医药文化体验”志愿服务平台，创造了大学生志愿服务品牌，让群众感受中医药文化。这个项目的具体做法是把中医药文化具体化，通过中医药标本展示、鉴别、灯谜竞猜、盆栽养殖、香囊制作等方式将中医药文化具象化，使广大群众直接感受到中医药文化，在文化体验中志愿者还为服务对象量血压、免费推拿、专家义诊，采用大众化的方式推广中医药文化，使服务对象亲自感受中医看病开方，体验免费推拿按摩。猜灯谜、药材鉴定等趣味活动更寓教于乐地普及了中医药文化。“中医药文化体验”平台在江苏南京、淮安、盐城等城市的诸多社区街道开展文化志愿服务，不仅弘扬了中国传统的中医药文化，加深了群众的文化了解，更使大学生更好地运用专业技能服务社会，在志愿服务中锻炼自己。[①]

实例分享5-8

浙江新闻“点亮眼睛”无障碍电影服务项目[②]

浙江新闻“点亮眼睛”无障碍电影服务项目，是浙江报业集团的志愿服务品牌活动。

自2016年10月开始，该项目通过“无障碍电影科普体验+服务”的“体验营”形式，制作了10部完整的无障碍电影，汇集可创作、可讲解、可直接服务盲人的核心志愿者50多人。该项目还与浙江图书馆、杭州图书馆、浙江传媒学院、浙江特殊教育职业学院等单位合作，举办线下活动，辐射全省群众数万人。

数年来，“点亮眼睛”不仅坚持对盲人的志愿服务，而且走进校园和大型会展，采用多种载体广泛宣传发动，普及关爱残疾人、服务残疾人的理念，不仅致力于点亮盲人的眼睛，而且致力于点亮健全人的心灵。

浙江新闻“点亮眼睛”无障碍体验营走入杭州市多所学校，通过助盲讲座及线上评选，将助盲理念送入校园；体验营亮相中国国际动漫节“浙报主题展”，通过“无障碍电影小黑屋”向游客宣传助盲理念；与“萤火虫漫展”合作，获得动漫配音界大V支持，录制电影片段；与浙江特殊教育职业学院合作成立无障碍电影基地，按期举办无障碍电影服务与讲解技

① 牛浩 . 创新“中医药文化体验”志愿服务平台的建设实践——以南京中医药大学为例 [J]. 广西中医药大学学报 , 2014,17（S1）:14–15.

② 浙江日报浙江新闻“点亮眼睛”无障碍电影服务项目 [EB/OL].http://www.wenming.cn/specials/zyfw/2019sg100/zjzyfwxm/201912/t20191204_5339018.shtml, 2019–12–04.

巧讲座；推出无障碍公益宣传片，与微博大V互动，线上体验优秀无障碍电影片段H5，在微博广泛传播，总话题传播量突破百万次……

2018年以来，浙江新闻“点亮眼睛”无障碍电影充分发挥各方资源，积极与残联、盲协配合，在杭州、绍兴、舟山等地进行科普与服务，实现周期化的精准落地。无障碍电影在大众中的科普度显著拓展，优质的解说资源互通性、流动性得以增强。

2019年，“点亮眼睛”无障碍电影服务项目充分发挥省级党媒报道优势与新媒体运营经验，加强“大众科普+解说培训+视障服务”完整的志愿服务体系平台建设，通过H5、视频、图文等多种形式，进行大范围、多角度、有亮点的公益曝光，努力推进公共文化服务体系向“公益性、基本性、均等性、便利性”方向发展，发挥了良好的公益服务示范作用，社会影响力不断提升。

实例分享5-9

“文润心田——感触传统文化的灵动”文化志愿服务系列活动[①]

一、项目概述

“文润心田——感触传统文化的灵动”文化志愿服务系列活动是2014年以来山东省文化馆重点打造的文化志愿服务项目，主要面向外来务工人员子女、环卫工子女、留守儿童、社区居民、大中小学生等群体，已开展系列活动逾50场，服务受众3万余人。

二、亮点成效

1.项目特色

第一，项目主题、活动设计突出文化特色，“以文惠民、以文化人”，用浸润的方式进行文化美育。第二，服务方式、服务受众呈现多元化发展，采取立体化信息联动，面向社区家庭、大中小学生、特殊关爱群

① “文润心田——感触传统文化的灵动”文化志愿服务系列活动 . 中国文明网 .http://www.wenming.cn/zyfw/2018sg100/zjzyfwxm/201811/t20181128_4914963.shtml

体、中老年文艺爱好者开展非遗体验、互动传习、传薪授艺等多类型文化志愿服务。第三，志愿团队、志愿者与服务受众协作联动，志愿者既奉献服务，同时也与服务受众共享文化的魅力。

2.活动开展情况

（1）“非遗有奖问答互动”专场。采取“深入浅出导览讲解”“试卷有奖答题”“非遗有奖抢答”等环节，主要针对前来参观非遗展厅的大中小学生开展，2014至2018年共计8000余名学生参与活动。

（2）“现场学艺体验”专场。参与者亲眼见证、亲手实践、亲身感受制作非遗作品的工艺流程，体验蕴含其中的传统文化的灵动，互动内容包括潍坊风筝、高密剪纸、杨家埠木版年画、济南面塑、聂家庄泥塑等。

（3）“剧场观摩互动体验”专场。组织观众观摩、参与非遗演出，进一步了解和认识山东省的传统非遗项目。

3.社会影响

（1）以文惠民：发挥多元主体活力，满足精神文化需求。通过互动体验学习，使基层群众了解非遗，享受文化大餐，极大地提高了群众参与度和满意率。

（2）以文兴业：带动非遗保护，促进文化自觉。依托于非物质文化遗产，通过对传统民族文化的重视、了解、传承，形成文化自觉，久而久之，就会成为文化自信。

（3）以文化人：通过志愿服务活动，更好地保障和改善基层文化民生，充分调动人民群众在文化繁荣发展中的积极作用，促进了和谐社会的构建。

第六节　展览展示

※

文化志愿服务中的展览展示形式多用于公共文化场馆，文化志愿者依托场馆中的文化艺术作品，以展览展示的方式和服务对象分享艺术魅力。当下展览展示的文化志愿服务方式多与旅游相结合，在为游客或市民参与公共文化场馆、感受文化魅力过程中增添一个重要环节，同时文化志愿者也通过设计展览展示等工作参与了场馆管理和文物保护中。

“苏州大运河文化守护者”志愿服务项目由苏州碑刻博物馆（苏州文庙管理所）发起，基于原文庙志愿者管理工作经验及馆内与大运河相关的资源，开展了“忆江南”苏州大运河碑刻拓片展、治平武术·江南船拳、行走平江图·爱上大运河、大运河文化进校园、大运河文化进社区五个子项目。团队登记志愿者由文庙志愿者、社会志愿者和立达中学师生志愿者组成。志愿者策划的“忆江南”——苏州大运河碑刻拓片展设展于大运河遗产展示馆，项目主要围绕京杭大运河苏州段的历史文化展开，深入挖掘大运河背后的故事与苏州地方特色传统文化。通过形式丰富的活动，将直观的、有温度的大运河故事以适合的方式呈现给受众，尽可能覆盖更多的受益群体，期望他们能够了解鲜活的大运河文化，并加入大运河文化的保护与传承中。

宿迁博物馆“小小讲解员”项目则是给未成年人开展志愿服务的平

台，青少年学生是博物馆最主要的和最基本的观众群体，开展“小小讲解员”的培育活动，目的在于开发心智，陶冶情操，培养自主学习能力及社会奉献精神，为博物馆志愿者培养后备军，也是志愿者文化的传递。让人们通过“小小讲解员”对博物馆工作有所认识并产生亲近感，使博物馆成为一个社会民众学习和享有的场所，成为社会教育的重要基地及社会成员终身教育的孵化基地。志愿者们依托宿迁市博物馆给观众提供义务讲解，帮助市民更好地了解宿迁文明发展史，博物馆“宿迁文明发展史”流动展进校园、进社区展览，让市民和学生们不出校园和家门就可以了解家乡历史，让小小讲解员把宿迁历史文化给同学讲、给老师讲，让更多的未成年人了解宿迁历史、了解家乡，也让小讲解员拥有更多展示的机会，锻炼与人交流的能力。“小小讲解员”不仅限于对游客讲解服务，市博物馆还组织他们参观考古工地现场，接受文物保护知识教育，提高他们文物保护的意识；参观文物修复室，学习文物修复知识，动手模拟修复“文物”；参与“博物馆活动日”和“文化遗产日”系列活动，感受文化遗产的魅力。

讲解员是展览展示的执行者，他们的一举一动可以和服务对象更好地实现展览展示的实际价值。在宁夏博物馆，也有这样一个针对不同群体的展览展示志愿服务——这个名为“妙音鸟”孵化项目的服务成立于2009年4月，注册志愿者800人。多年来，每年以四个基本陈列展的文物为依托，以历史文物知识、礼仪培训、普通话训练、讲解态势演练为主题，针对不同的志愿者群体因人而异地开展了一系列极具特色的志愿者培训活动。受众中有成人志愿者和小小志愿者讲解员，平均每年每人服务工作50小时以上。通过培训为大学生提供了社会实践的平台，丰富了社会工作人员的业余生活。强化了服务意识，扩大了其影响力，倡导了“活到老、学到老”的终身学习理念，增强了志愿者的自信心，提高了口头表达能力。①

① 宁夏博物馆“妙音鸟”孵化项目 [EB/OL].http://www.wenming.cn/zyfw/2018sg100/zjzyfwxm/201811/t20181129_4915214.shtml, 2018-11-29.

实例分享5-10

山西博物院暑期志愿者项目“传承文明 感恩守礼”①

为进一步传承和弘扬中华优秀传统文化，架起博物馆与公众之间的沟通桥梁，突出博物馆的教育优势和功能，山西博物院于2012年5月起每年暑假面向13至18周岁爱好博物馆的中学生开展了以“传承文明 感恩守礼”为主题的暑期志愿者项目。

公平公开，科学有序。以“传承文明 感恩守礼”为主题的暑期志愿者项目面向13至18周岁爱好博物馆的中学生举办，通过媒体和网络发布报名信息。报名者经过面试、笔试等环节公开公平选拔。自项目实施以来，山西博物院志愿者工作委员会在院党委指导下，逐步建立健全了组织机构，规范了暑期志愿者的招募与管理，从工作计划、实施方案到历届参与人员均创建了详细的档案资料，极大地提高了志愿者的管理水平。同时，根据《山西博物院志愿者服务章程》出台了《山西博物院暑期志愿者管理细则》《山西博物院暑期志愿者积分制管理办法》等制度，使得暑期志愿者项目不断完善，科学规范运行，保障了暑期志愿者项目的可持续和稳定发展。

植根实践，勇于担当。该项目的重要内容之一是以山西博物院丰富的馆藏文物为载体，为中学生提供一个社会实践的平台。所有参与项目中的学生，需要经过培训、选拔后在山西博物院展厅进行为期一个月的志愿服务，解答观众的参观咨询，提供导览服务；为观众讲解艺术专题的丰富馆藏，在传播山西悠久历史文化的同时，培养新一代青年人能奉献、讲责任、有担当的情怀。整个项目实践的形式，引导中学生充分发挥主动性和创造性进行自主学习，在进行讲解员职业体验的过程中，体会成为一名“社会参与人”的角色转变，弘扬“奉献、友爱、互助、进步”的志愿者精神。

传承文明，感恩守礼。暑期志愿者项目最大的亮点是在博物馆为年满

① 山西博物院暑期志愿者项目“传承文明感恩守礼”[EB/OL].http://www.wenming.cn/zyfw/2018sg100/zjzyfwxm/201812/t20181204_4922960.shtml, 2018-12-04.

18周岁的暑期志愿者举办传统盛大的“成人礼”仪式。活动中，所有的志愿者和工作人员身着汉服，在不绝于耳的钟鼓乐声和诵读声中，由正宾为男子加冠、女子加笄。祝词、行礼、敬茶、叩首，古风古韵、庄重肃穆。让学生、家长、观众感受深厚的中国文化底蕴，让青年学生在满满的仪式感中心怀感恩与梦想，承载责任和担当，自觉传承中华民族的优秀传统文化。经过媒体的广泛报道在社会公众中间掀起了知礼、学礼、守礼的风潮。

山西博物院暑期志愿者“传承文明 感恩守礼”项目，面向青年一代，植根于中华优秀传统文化，通过学习和实践相结合的模式，提升中学生的综合能力，树立山西青年美好形象，大力弘扬志愿服务精神和灿烂的三晋文明，真正做到服务一方、宣传一方、带动一方！

实例分享5-11

“小小八路讲解员”志愿服务项目①

一、项目概述

山西省长治市武乡县是全国著名的革命老区，由邓小平同志亲笔题写馆名的八路军太行纪念馆是全国唯一一座全面反映八路军八年抗战史实的大型博物馆。自1988年开馆以来，该馆始终把加强青少年思想道德建设作为首要任务，不断探索开展青少年思想道德建设的新渠道和切入口。2009年5月25日，习近平同志在武乡视察时提出了“四个始终保持”的重要指示精神。自此，八路军太行纪念馆将立德树人的根本任务贯穿于志愿服务实践活动全过程，推动社会主义核心价值观落地生根、开花结果，致力弘扬太行精神，筑牢老区之魂，传承八路军文化，培育时代新人，坚持从娃娃抓起、从青少年抓起，与武乡县教育部门、中小学校建立了馆校合作关系，共同研究开发了“小小八路讲解员”志愿服务项目，成立了“小小八路讲解员”服务队。

① 中国文明网．“小小八路讲解员”志愿服务项目 [EB/OL].http://www.wenming.cn/zyfw/2018sg100/zjzyfwxm/201812/t20181204_4922732.shtml.

二、亮点成效

1.活动内容设置

（1）小小八路讲解员系列教育活动：参观《光辉典范》专题展览，进行示范讲解；讲授礼仪常识；向观众展示正规的站姿、坐姿、蹲姿、握手礼仪和文明礼貌礼仪口诀。

（2）讲八路军故事、传承八路军精神：参观《抗战史陈列馆》；讲授八路军简史与革命将领光荣事迹；参加“走进敬老院、采访老八路”活动；向观众讲解八路军经典战斗和事迹。

（3）唱响革命歌曲、放飞心中梦想：参观《八路军文化掠影》专题展览；讲授抗战时期文艺表演的伟大宣传作用；学唱《在太行山上》《八路军军歌》《游击队歌》等革命歌曲。

（4）快乐少年展风姿、红色舞蹈颂党恩：学跳《绣军鞋》《南泥湾》《大生产运动》《大刀进行曲》等舞蹈。

（5）站军姿、打军体拳、磨炼意志、凝练团队：参观《八路军的军政整训》展览；讲授抗战时期八路军严明的组织纪律、严谨的工作作风和与人民群众结下的深厚情谊；走进部队，参观营房，体验站军姿、叠军被等部队生活；向观众讲解八路军的《三大纪律八项注意》优良作风，展示军体拳。

（6）探索游击战的神奇奥妙：参观展览《出奇制胜的游击战术》；讲授抗战时期各种巧妙的游击战打法；观看《地道战》《地雷战》等革命影片；在《窑洞战》模拟化景观处，体验CS对抗拓展活动；参加组装军事武器模型体验活动。

2.活动成效

（1）通过现场聆听讲解、采访老八路、祭扫烈士墓、国旗下讲革命将领故事、唱响激昂的革命歌曲等活动的开展，使青少年在心灵上得到净化，思想上受到启迪，激发了爱国主义情感，增强了民族自信心、自豪感、责任感。

（2）搭建起馆校合作的平台，推动了革命纪念馆社会教育工作逐步走向科学化、规范化、普及化。

第七节　文化交流

※

不同地区的文化需要不断的交流学习才可以有更包容的提升，因此开展文化志愿服务可以选取文化交流这种形式，从而提升区域间的文化互通。这其中既包括中国各地区文化交流也包括中外文化交流。

一、中国各地区文化交流

由于我国幅员辽阔，各地区文化特色不尽相同，加强区域间文化交流可以提升文化共同繁荣，因此促进各地区文化交流是文化志愿服务中的重要形式。如前文所介绍的“春雨工程”是文化和旅游部实施的一项以促进边疆少数民族地区和内地文化相互交流、相互学习为出发点的重要惠民工程。自2010年实施以来，已取得了良好的反响，促进了地区间的文化交流。

2015年8月16日，西安市文化志愿者服务团赴乌鲁木齐图书馆文化交流活动以“天禄讲坛——丝绸之路文化专题讲座”“西安市非物质文化遗产展示”两个项目为主，特邀请陕西师范大学历史文化学院教授、博士生导师、中央电视台“百家讲坛”主讲人之一的于赓哲教授，以《丝路与中国古代政治、经济、眼界》为题，带领人们感受丝绸之路的文化和历史。此外活动邀请了西安非物质文化遗产传承人，将陕西特色的剪纸、阎良核雕、雁塔棉絮画、泥叫叫制作技艺、户县民间布艺老虎、关中秦腔戏剧脸谱、易蛰酵母制香技艺和皮影雕刻技艺带到新疆乌鲁木齐，促进了两地的文化交流。

2018年，“春雨工程”北京文化志愿者边疆行——走进青海玉树活动在青海省玉树藏族自治州举行。活动由北京市文化和旅游局、北京市扶贫协作和支援合作工作领导小组青海玉树指挥部主办，北京文化艺术活动中心、玉树藏族自治州文化馆承办，通过“大展台”和“大讲堂”两种形式，将北京和玉树两地独具特色的优秀传统文化进行展示交流，促进文化繁荣发展。本次活动也是北京对口援建玉树、文化精准帮扶的具体实践，有助于实现京玉两地更加全面深入的互动往来。活动受到了当地非遗传承人、文化工作者、学生以及普通群众的热烈欢迎。这一类文化志愿服务活动对传承民族文化很有意义，在非遗保护、抢救、开发、利用等方面开展了经验交流，同时也促进汉藏文化交流。

2019年5月，天津市河西区文化志愿服务团队前往西藏昌都，为当地群众带来“大舞台”文艺演出和文化讲座，相声演员的表演让现场笑声不断；单弦演员的表演让村民们一睹平日难得一见的艺术形式。其间，昌都民间艺术团的演员为村民和远道而来的天津客人献上了藏族特色舞蹈等。作为第二批国家公共文化示范区和第三批国家公共文化示范城市，河西区与西藏拉萨今年年初就已约定要通过“请进来”“走出去”的方式，加强文化互动交流，实现区域联动，巩固提升“双丰收”。边疆行促进了区域文化联动，加强两地文化艺术的交流。

二、中外文化交流

近年来，我国不断推动中外文化交流，在很多国家举行中国文化交流年，并在国内举办各国文化交流活动，不断促进中外文化的交流和了解。全球化的背景促进了各国经济社会文化的快速交融，而随着我国“一带一路”区域合作倡议以及“人类命运共同体”战略的实施，文化交流和传播更被提升到了战略意义的高度。让中华优秀传统文化走出中国、走向世界，同时也是提升国家软实力的重要途径。文化志愿者开展中外文化交流服务时通常会采取课程辅导、文艺展演、展览展示、文化体验等方式，致力于传播中华文化。部分高校志愿服务团队吸引了大量的海外留学生参与其中，例如南京工程职业技术学院中外文化交流进社区活动吸引了来自缅甸、印度尼西亚、俄罗斯、孟加拉国、乌兹别克斯坦等五个国家的留学生参与其中，通过现场展示和互动，使留学生和居民都体会到了中外文化的差异和魅力。东南大学“健雄国际”中外文化交流项目针对来东南大学参与海外交换学习的美国留学生开展，志愿者带领海外交换生前往南京博物院等历史名胜景区了解中国历史，同时深入服务其学习和生活，更好地体验中国大学生活的点滴，促进中外文化碰撞交流，文化志愿者在这一过程中既提高了对外交往能力，更收获了友谊和成长。温州医科大学的外国留学生参与了文化志愿服务，在温州市文化馆的指导下，不少留学时已经可以表演有一定水准的传统戏剧。留学生志愿服务队参与社区、街道的表演，为当地居民带来一些印度舞、非洲舞等特色表演，同时留学生志愿者还把在中国学到的节目带回了自己的家乡，进一步宣传中国文化、温州文化。

实例分享5-12

华侨大学“华文星火”中华文化海外传播志愿服务①

一、项目概述及亮点成效

自2016年以来，基于福建侨务大省特点和华侨大学“为侨服务，传播中华文化”的办学宗旨，华侨大学依托“华文星火”中华文化海外传播教育基地，发挥华文教育专业特色，引领留学生假期返回住在国，深入到家乡农村边远地区中小学传播中华文化，讲述“中国故事”，从在华留学生视角解读中华文化背后的魅力与自信，用“接地气”的方式促进“一带一路”沿线国家文化互通，从而助力民心相通。

① 中国文明网．华侨大学“华文星火”中华文化海外传播志愿服务 [EB/OL].http://www.wenming.cn/specials/zyfw/2019sg100/zjzyfwxm/201912/t20191211_5347774.shtml.

二、项目实施内容

1.“线上+线下”的中华文化教学课程和基地。队员们针对实践地需求，结合所学专业，精心制作了双语手绘教材，向所到学校捐赠中文图书，建立“华文星火”书屋。同时，开设网络远程直播课程，建立“中华文化海外传播实践基地”，为中华文化的可持续传播搭建平台。

2.突出中华优秀传统文化的主题性。以节庆文化为载体，把中华文化带回家。

3.讲述“中国故事”。通过自导自演小品、实景拍摄文化考察期间的见闻，为当地学生生动展现一个全面立体的中国，呈现中国新时代的发展成就。

4.“一帮一”成长向导。为家庭经济困难的学生建立档案并制定留学中国计划，让他们拥有更多改变自身命运的机会。

三、项目实施以来取得的成果

1.丰富当地学生对中国的认识，用当地中小学生喜闻乐见的方式讲述中国故事，让中国故事听得懂、听得进、传得开，增加中国好感。

2.实践队员收获了成长，增强留学中国自信。

3.涌现了一批志愿服务典型，育人成效明显。

四、项目创新性与可持续性

1.创新性：（1）项目成本低、可推广性强；（2）传播方式更接地气，效果明显；（3）以教促学，形成传承与传播的良好互动。

2.可持续性：（1）专业化的智力支持；（2）丰富的境外志愿者资源；（3）广泛的海外资源。

实例分享5-13

Mr. China——向世界讲述中国故事

一、项目基本情况

为响应习近平总书记“讲好中国故事”的号召，推动中国优秀传统文化走向世界，提高国家文化软实力，南京航空航天大学团队通过翻译典籍故事，以微视频形式向留学生及“一带一路”国家讲述中国故事，推动“一带一路”文化交流路线建设。团队成立于2016年，共选取180个典籍故事为题，进行故事的翻译和再创新，为中国古典文化注入新的活力。三年内，团队共完成47部微视频，53篇推送，总阅读量达12000+，作品也作为南航国际教育学院文化课程教学材料，近千名留学生通过视频了解到中国博大精深的历史文化。同时，团队招募留学生志愿者参与，他们将视频带回祖国，带回学校，作品在“一带一路”国家广泛传播。

二、项目方案

1.实施地域：线上线下相结合，线下活动集中在南京航空航天大学与江苏省内视频拍摄地。留学生志愿者把视频带到世界各地。

2.受益对象：近千名留学生通过视频了解中国历史文化。同时，作品在“一带一路”国家广泛传播，如巴基斯坦、印度尼西亚等，最保守统计已达到12000人次。

3.预期效果：在“讲好中国故事”的时代背景下，结合当今微视频流行的时代潮流，团队将分批次完成180个典籍故事的翻译录制，并积极寻求与各媒体平台的合作，扩大传播范围。同时扩张志愿服务队伍，中外学生合力推动文化的走出去。传播以典籍故事为代表的中国传统文化，将使中国国民深入了解并传承中华传统文化；同时，中华文化将会传播到更多的“一带一路”国家，使外籍人士更加了解认同中国文化，并乐于向世界各地进行宣传推广。

创新性：本志愿服务项目扎根于南京航空航天大学，因成员对于中华文化的热爱与对文化传播的责任而建立。通过当今互联网时代盛行的“微视频”传播形式，集翻译、录制、剪辑与网络传播为一体，兼具文化性、时代性与传播性。与传统服务项目相比，服务形式更加灵活，社会影响范围也更为广大。团队吸纳了来自各个国家的留学生，一定程度上充当了文化交流的桥梁，也达到了志愿服务的最终目的。

第八节　文化扶贫和乡村振兴

※

所谓文化扶贫，是指从文化和精神层面帮助贫困群众，从而提高个人素质，尽快摆脱贫困。文化扶贫与产业扶贫、旅游扶贫一样，其目的都是为了让贫困群众摆脱贫穷状态，但文化扶贫更注重精神层面。

文化扶贫的主要任务是推动贫困地区艺术创作生产，推动贫困地区公共文化服务体系建设，提升贫困地区文化遗产保护利用水平，加快贫困地区文化产业发展，促进贫困地区文化市场健康发展，推动贫困地区文化交流互通，落实文化和旅游部定点扶贫工作。文化志愿者可根据当地实际情况，围绕主要任务开展一系列的文化志愿服务活动。

贫困地区文化建设水平的提高有助于人口素质和社会文明程度的整体提升。2017年，为深入贯彻落实国务院“十三五”脱贫攻坚计划，文化部制定《“十三五”时期文化扶贫工作实施方案》。按照党中央、国务院决策部署，坚持精准扶贫、精准脱贫基本方略，以社会主义核心价值观为引领，以革命老区、民族地区、边疆地区和集中连片特困地区为重点，加大文化扶贫的政策和资金扶持力度。发挥文化在脱贫攻坚工作中“扶志”“扶智”作用，推动贫困地区文化建设快速发展，全面提升贫困地区文化建设水平，确保贫困地区与全国同步进入全面小康社会。由此可见，文化扶贫是党中央、国务院的决策部署，对于文化志愿服务来说是一片广阔的天地。经济上的扶贫和文化的“扶志”“扶智”充分结合在一起，加强贫困地区的文化创作、文化遗产保护和文化人才队伍建设。以文化扶贫为途径的志愿服务多采取对口帮扶、艺术培训、“送戏下乡”等形式，如“春雨工程”——全国文化志愿者边疆行、“大地情深”——国家艺术院团（馆）志愿服务走基层和“阳光工程”——中西部农村文化志愿服务行动计划等都是动员各地广泛开展基层文化志愿服务活动，在文化志愿服务项目内容上，以重点需求项目为引领，推动文化资源向老少边穷地区倾斜，推动贫困地区文化志愿服务工作蓬勃开展。与此同时，文化扶贫有助于提升贫困地区群众脱贫的内生动力，通过开展形式多样的文化惠民、全民健身、旅游推介营销等文化扶贫举措，文化活动场所实现质和量的突破，文化惠民普惠所有贫困村户，活跃了群众文体生活，激发了贫困户脱贫致富的内生动力。文化扶贫推动了产业增收，部分贫困地区具有丰富特色的非物质文化遗产，通过文化服务培养非物质文化遗产传承人，发展文化产业，打造文化品牌，从而带动贫困地区群众就业，帮助他们脱贫致富。

2021年2月25日，习近平总书记在脱贫攻坚总结表彰大会上庄严宣告：我国脱贫攻坚取得了全面胜利！现行标准下近1亿农村贫困人口脱贫，832个贫困县全部摘帽，脱贫摘帽仍不是终点，脱贫攻坚目标任务完成后，仍要推动脱贫攻坚和乡村振兴有效衔接。文化扶贫提升了乡村文化惠民工程的覆盖面，但未来更要继续补齐乡村文化发展中的短板。在已建的文化基础设施中，要进一步推动公共文化服务的均等化，进一步缩小城乡之间的差距。要持续推动文化产业助力乡村振兴。文化扶贫时建设的乡村文化专业队伍还应进一步深入群众基层，探索更多利于当地发展的文化服务，尤其是要继续加快边远地区、边疆民族地区和革命老区的文化队伍建设，为乡村振兴注入新的活力。虽然我国已取得了脱贫攻坚的全面胜利，但乡村振兴的任务依然严峻，文化扶贫工作的成果需要进一步巩固。对于文化志愿者来说，后期将在文化扶贫的基础上进一步关注脱贫区域的文化事业建设，防止文化返贫现象的发生。

实例分享5-14

“书香暖山区”援建爱心阅览室文化志愿服务项目①

一、项目概述

2011年7月，广东省捐赠换书中心联合广东广播电视台新闻频道《新闻最前线》和《南方都市报》打造了“书香暖山区”文化服务品牌。该项目积极探索馆企联动、跨界合作，商业与公益共生互惠模式，打造多元公益合作平台，为传播社会正能量开拓了新局面。七年内，“书香暖山区”文化志愿服务团队开展了100多场大型图书募集活动、90多次送书下乡活动，足迹遍及粤东、西、北山区16市34县（区、镇），捐赠图书30多万册，已援建“书香暖山区—爱心阅览室”95间，惠及山区学子和村民约10万人。

二、亮点成效

1.馆媒联动，省内外媒体争相报道，社会影响力覆盖全国

广东广播电视台制作的专题报道累计多达上百辑；多家具有影响力的纸媒如《信息时报》《南方都市报》等对活动作跟踪报道。利用南国书香节等重要节点，邀请省电视台、电台金牌主持人参加图书募捐活动，加入志愿行列，为活动大力“圈粉”。

2.馆企联动，爱心接力，跨界创办志愿服务大平台

广东省社会科学界联合会、广东三九脑科医院、广州市邮政局、广东省动漫行业协会等爱心组织和企业相继加入“书香暖山区”文化志愿服务队中，以捐书捐物、开展义诊、免费送医送药等多种方式为“书香暖山区”注入强劲动力。2014年10月1日，广东省立中山图书馆联合广州市邮政局启动了“你捐书，我包邮”活动，为爱心人士提供了便捷，进一步拓宽了图书募集渠道，从而为“书香暖山区”活动提供了更充足的图书资源保障。

3.社区联动，不忘初心，多渠道募捐调动孩子阅读积极性

志愿者团队将图书募集点延伸到了市区的大型文化广场、知名公园和

① 中国文明网．“书香暖山区”援建爱心阅览室文化志愿服务项目 [EB/OL].http://www.wenming.cn/zyfw/2018sg100/zjzyfwxm/201812/t20181205_4924342.shtml.

人口稠密的社区等，联动科普周、走进书香节、参与绿色行、加盟迷你潮跑。为进一步引导孩子快乐阅读，团队还举办了征文比赛，让山区孩子尝试写作的乐趣，读写能力得到明显提升。

实例分享5-15

西藏江洛康萨社区文化提升班[1]

一、项目概述及亮点成效

为深入贯彻落实党的十九大精神，全面建设基层文化发展平台，提升群众文化知识水平，努力把“百姓课堂”品牌项目推向成熟，实现文化为民、文化惠民的最终目的，江洛康萨社区紧紧围绕丰富精神文明生活指示精神，结合辖区群众文化知识水平低层次现象，于2017年7月在原市民学校的基础上设立文化提升班，让更多的群众在精神文明上得到满足。

二、项目实施内容

1. 建立领导小组 健全责任机制

为了能够更好地实施文化提升班的管理工作，社区以党支部为核心力量建立了完整的领导小组，以党支部书记为组长，下辖社区工作人员以及驻村工作队员为小组成员，建立完整工作机制，明确工作目标。

2.具体措施

社区以“群众办事更能便利”为初衷，邀请辖区退休干部为群众设立免费文化提升班，通过张贴公示、通讯传播等方式大力进行宣传，招募学员。基于群众知识水平低，社区为群众发放易接受、易学会的书籍资料，学员们从零基础开始学习。同时为更好进行辅导，老师为大家设立微信交流平台。

3.开办成效

社区文化提升班已受益于350余人次，学员们不仅能够自己签字，更

① 中国文明网．江洛康萨社区文化提升班[EB/OL].http://www.wenming.cn/zyfw/2018sg100/zjzyfwxm/201811/t20181128_4914912.shtml.

能够读懂短文，群众表示“生活中带来了诸多便利”。在社区齐心协力之下，社区文化提升班工作常态化，在丰富群众精神文化生活方面起到很大的作用。

实例分享5-16

“送欢乐、下基层”文艺志愿服务品牌项目[①]

一、项目概述

“送欢乐下基层”为吉林省文联持续25年的品牌文艺志愿服务项目，2018年被吉林省文明办授予“最佳志愿服务项目”。近年来，省文联文艺志愿服务团不断拓宽服务范围、服务领域，助力生态文明、脱贫攻坚、乡村振兴等重大国家战略，累计承办16场次国家级活动，300多场次省内活动，累计参加志愿者万余人次，累计受惠基层群众10万余人，扩大了文艺工作的覆盖面和影响力，延伸了文联工作手臂。从偏远的乡村，到社区、边防部队、学校，唱响了“深入生活、扎根人民”的新时代和弦。

二、项目内容

主要包括以下四个志愿服务项目：

1.文艺扶贫奔小康：2016年，吉林省文联在全国率先启动实施“文艺扶贫奔小康”志愿服务行动，戏剧、音乐、美术、书法、摄影、曲艺、杂技、舞蹈、广播电视、民间文艺等辅导培训在资源匮乏的县区全面铺开。

2.文化惠农直通车·边境惠民百村行：2017年，围绕着176个边境一线村，吉林省文联启动了文化惠农直通车·边境惠民百村行活动，为边境村民奉献了30多台精彩的文艺节目，同时申请并承办了纪念“四保临江”战役胜利70周年中国文联文艺志愿服务团“送欢乐、下基层”走进吉林临江慰问演出活动等。

3.红色文艺轻骑兵：2017年省文联围绕“两节”开展了70余场“红色

① 中国文明网．“送欢乐、下基层”文艺志愿服务品牌项目 [EB/OL].http://www.wenming.cn/zyfw/2018sg100/zjzyfwxm/201811/t20181129_4915742.shtml.

文艺轻骑兵”送演出活动，围绕被誉为“吉林农民摄影现象”的农民摄影群体开展多项培训工作。仅两个月的时间，“万名书法家送万‘福’进万家”累计开展活动1000余场次，参与书法家8500余人次，共送出春联、福字59.7万余幅。摄影志愿者送“全家福”进万家，参与摄影志愿者2000多人次，送“全家福”8000多张。

4.百名艺术家走进新时代传习所：2018年5月，以新时代传习所为阵地，启动了“百名艺术家走进新时代传习所”活动，四个月的时间累计举办培训60多场次，唱响了“文艺为民、文艺惠民、文艺乐民”的时代主题，架起了文艺工作者与人民之间的纽带和桥梁。

实例分享5-17

东南大学筑梦大仓助力乡村振兴志愿服务项目

一、项目背景

井冈山大仓村隶属于江西省吉安市井冈山市，位于赣湘边界的罗霄山。大仓村位于团状群山的核心接近本地的最高点，从这里可以北进古城，南退茅坪，西到鹅岭，东连龙市。大仓村虽然拥有丰富的红色资源，但是长期以来发展严重落后，为“十二五”省定贫困村。村庄交通不便，距离最近的井冈山市50公里，基础设施匮乏，缺乏车站等交通配套设施。大仓村人均年收入远低于井冈山市及全国水平。村中劳动力流失严重、闲置民居破败。为了改变这一“乡衰”现状，团队以规划设计为抓手，助力大仓村发展，使其重现新时代光芒。

二、项目内容

由团队带领的“星火大仓”项目已落地实施，根据大仓村的实际需求，积极参与乡村建设，依托大仓村丰富的红色资源和悠久的历史底蕴，将建筑专业知识、想法、技术转化成乡村振兴的可靠力量，对大仓村进行整体规划，着力打造红色旅游历史路线，焕新大仓风貌。该项目的落实既助力了经济发展，又带动了产业增收，结合大仓村的荷花产业特色，提供优化建议，为大仓村打造适配的示范节点，进一步助力大仓的振兴与发展。团队着力打造红色旅游历史路线，完成“大仓六景”的景观节点打造。适应时代要求，用视频制作、文创产品设计等新颖的形式将建筑改造成果以更为清晰、更为明确、更易于推广的方式呈现。

三、项目效果

“大仓六景”更扩大了大仓村红色产业的经营范围，大仓产业结构更加丰富，经济稳步发展。以打造精品红色旅游产业实现乡村振兴的大仓村，在经过整体规划建设和“大仓六景”重点景观节点打造后，村庄面貌焕然一新，基础设施建设完善，红色旅游产业发展迅速，逐渐形成了具有鲜明特色的乡村红色产业链，同时新增的就业机会吸引年轻人返乡创业。该项目曾获得第四届中国青年公益创业赛银奖等殊荣。

第九节 氛围营造和产品保护开发

※

文化氛围营造和产品保护开发指通过文化志愿服务活动提升服务对象的文化氛围，致力于保护文化遗产，开发文化产品，以群众喜闻乐见的方式提升文化质量。

文化氛围一般包括文化信息的气氛、阵势、情景、环境等，营造文化氛围需要将物质文化条件转化为视听感受，令服务对象能够直观地感受和参与。丰富的文化演出可以使人心情愉悦、情感共鸣，比如公共文化场馆的独特设计可以让参与者更能感受文化的力量和温度，文化氛围在提升文化水平时起到了陶冶情操、点滴渗透的作用。文化氛围可以展示一个地区、一个城市、一个群体的文化思想、文化沉淀和文化品格，同时也可以促进该地区、该群体的发展。经济社会的发展，人民生活的提升都需要文化氛围的养成，要创新文化内容的艺术形式、提升文化的品质、跟进文化潮流，才可以营造更优质的文化氛围，反之，要想弘扬和传播文化，提升群众文化组织，则首先应营造文化氛围。文化志愿服务的内容和形式繁多，要想使服务对象对这一类文化感兴趣，提升文化氛围居于首要位置。

文化产品保护开发主要针对文化遗产及其衍生品。对于这一工作，文物保护单位有先天的优势和丰富的资源，但志愿服务依然是不可或缺的部分。随着时代的发展，志愿服务突破传统方式，而与互联网紧密相关，志愿服务的方式也会根据不同层次的群众而进行个性化的设计。部分需要保护的物质遗产或非物质遗产具有文化机制、市场价值，能够满足人们的多元需求。但一些艺术因其高深、抽象而不能被大众所广泛接受，这就需要创新文化产品，设计开发文化遗产的衍生品。从事此类志愿服务，需要具有一定的设计能力、市场需求分析能力，进而更好地推广文化，挖掘利用文化的内涵价值，为更广泛的受众所喜爱。

实例分享5-18

江西省吉安市新干县“义行千里，孝传万家”项目①

一、项目概述

新干县百善孝文义团以“弘扬孝道文化，推动移风易俗，共建和谐社会”为宗旨，结合本土习俗，将孝道文化融入群众喜闻乐见的歌曲、小品、情景剧、舞蹈、单口相声中，积极开展孝道文化艺术宣传活动，倡导文明新风，传递社会正能量。该项目定位准确，运作规范，具备完整的工作方案、规范的管理制度、科学的运作模式和齐全的档案资料。与此同时，还将脱贫攻坚、移风易俗、节能环保等主题融入平时的演出项目中。

二、亮点成效

以宣传孝道文化，推动移风易俗，助力文明城市创建为主线，自2014年以来，新干县百善孝文义团在广场、社区、企业、学校、乡镇敬老院、村组等地，开展大型慰问义演活动——“走进乡镇弘扬‘百善孝为先’”“文明道德千万千，孝敬老人排在先”“弘扬德孝文化，共建和谐乡村”“传承雷锋精神，共创文明城市”等主题公益活动198场次，关心慰问老人685次，筹集善款20余万元用于购买慰问品，参与志愿活动人数达3500多人次，同时影响带动社会各界爱心人士参与活动超过1500人次，目前活动已覆盖全县61%以上，受益群众达17万余人次。此外，近年来，该团定期邀请省外专家赴新干义务开展“健康知识”“孝老爱亲，亲子孝道文明

① 中国文明网．江西省吉安市新干县“义行千里，孝传万家”项目[EB/OL].http://www.wenming.cn/zyfw/2018sg100/zjzyfwxm/201811/t20181129_4916287.shtml, 2018-11-29.

教育”等专题讲座。

演老百姓爱看的戏，唱老百姓爱听的歌，送老百姓急需的精神食粮和物质奖励，老百姓都夸赞“义行千里，孝传万家”文艺演出接地气，主题活动好，起到了用文化感染人、用艺术激励人的良好社会效果。文义团的名声一传十、十传百地传播开来，传遍新干的大街小巷，汇聚成一股巨大的社会暖流，助推着新干文化事业朝着小康的目标阔步前进！百善孝文义团的感人事迹在全社会产生了强烈反响，同时备受各类主流媒体的广泛关注，《井冈山报》、吉安文明网等媒体先后报道10余次。

实例分享5-19

“匠心文创”非物质文化遗产保护与传承志愿服务项目

一、项目概述

徐州工业职业技术学院“匠心文创”志愿服务项目以“传承和弘扬徐州非遗文化”为宗旨，秉承“非遗+文创”的理念，将志愿服务与文创项目相结合，充分利用青年学生的专业优势以及徐州地域非遗资源，形成集“寻访非遗、文创设计、宣传展示、技艺传习”四位一体的志愿服务项目，让传统非遗的价值得以重新焕发，真正走入市民日常生活。通过寻访非遗传承人，孵化文创项目，举办“非遗故事课堂”“非遗研习”“非遗展”“非遗义卖”“非遗剧场”五大品牌活动，让非遗文化进基层、进校园、进社区，并将非遗文化与当前多元的传播渠道和方式充分融合，营造多元化、多角度的非遗宣传氛围，扩大非遗文化在市民中的影响力。

目前徐州非遗发展主要存在以下问题：徐州非遗传承中人才培养存在“断档危机”，非遗作品产量低且难以形成规模，非遗作品内容单一、种类创新性不足等。高门槛、低收入的现实情况使年轻人不愿从事这门技艺，后备人才的培养工作面临着巨大的挑战；多数非遗产品仍是“几十年如一日”，即使出一点新产品也是“千人一面”，非遗作品创新性不足，无法跟上“时代节拍”，没有形成特色品牌；非遗文化与民众日常生活距离较远，无法满足群众的文化需求。本项目通过培育文创孵化项目、推进非遗文创IP和内容生产，打造徐州特色的非遗品牌，促进非遗活态传承，并将非遗文化与当前多元的传播渠道充分融合，营造多元化的非遗宣传氛围，让非遗文化真正走入寻常百姓家。

本项目打造三支优秀团队，组建“汉风未央”徐州非物质文化遗产寻访团，通过寻人、传技、展物三个环节，走访了徐州地区所有国家级非遗传承人，收集到大量徐州非遗项目的第一手资料；孵化“指尖传承”文创项目，创意设计文创产品，帮助徐州非遗传承人打造集研发、制作、销售为一体的服务体系，推动非遗产业发展；成立非遗宣传团队，打造非遗宣传品牌活动，并将非遗文化与当前多元的传播渠道和方式充分融合，进行活动、网络、定点宣传，营造多元化、多角度的非遗宣传氛围。

二、项目成果

视频教程：开发“指尖传承——徐州创意香包”和“指尖传承——徐州剪纸工艺”系列视频教程，以微视频形式展示香包、剪纸制作过程，让非遗技艺易学易会，视频点击量达10000人次，扩大徐州非遗文化的影响力。

三、文创产品

（1）“古彭流韵”系列姓氏香包：在承袭徐州香包特色的基础上，将汉文化、姓氏文化融入现代设计，打造特色文创产品。

（2）“我的工院剪影”系列剪纸：以建校55周年为契机，设计55张“我的工院剪影”系列剪纸作品，表达饮水思源、爱国荣校的情怀。

（3）“精神的力量”系列剪纸：以新中国成立70周年为契机，设计“红色精神”“建功新时代”系列剪纸作品，凝聚起奋斗新时代的精神力量。

第六章

文化志愿服务项目设计和管理

志愿服务项目在实际操作中需要经历项目的开发、管理等流程，一般的志愿服务项目的开发和设计也适用于文化志愿服务项目的各个流程。通过本章的学习，可以了解志愿服务项目的基本概念，学会撰写文化志愿服务项目书，学会梳理和调查文化志愿服务需求，学会项目实施和团队管理、项目评估和成果转化等实际操作，进而提升志愿者在文化志愿服务中的实际操作能力。

第一节　文化志愿服务项目概述

※

一、什么是文化志愿服务项目

志愿服务项目是项目管理中的一种，美国项目管理学会将项目定义为"是通过应用和综合诸如启动（起始）、规划、实施、监控和收尾等项目管理过程而开展的"。项目管理体系具体分为集成管理、范围管理、时间管理、成本管理、质量管理、人力资源管理、沟通管理、风险管理和采购管理九个部分。项目管理的思维和方法已经应用到各个领域，不仅从根本上改善了管理理念，还提升了管理效率。项目管理的过程包括起始过程、计划过程、实施过程、控制过程、结束过程，制定项目时应围绕这一进程进行设计。

项目管理同时也应用到志愿服务中，使志愿服务更有系统性。例如前面举例的"春雨工程""圆梦工程""新时代文明实践中心"等都是以志愿服务项目开展的。不同于一般的项目，志愿服务项目是不为任何物质报酬而为社会主动提供服务的项目，因此志愿服务项目的特征是自愿性、无偿性、组织性、利他性。《惠泽人志愿服务项目管理培训手册》将志愿服务项目划分为不同的类型。

表6-1 志愿服务项目分类表

组织类型	项目类型	可能的项目内容	项目目标	项目对象
研究类	研究	政策研究、发展研究，提供政策建议和咨询、专业支持	提供社会决策依据，社会发展智库	各级政府及国际组织等
行动倡导类	倡导和传播	举行研讨会、游说、建立联盟、增强公民意识、宣传、鼓动、政策建议、媒体传播	改变政策方向，法律法规建立，转变社会价值观/文化/行为	各级政府、国际组织，及社会公众
技术应用类	技术开发与应用	生物、健康、IT、电子信息、教育等应用技术研究、推广应用和培训等	开发有利于经济社会可持续发展的技术体系	社会公众
社区工作类	社区发展	饮水、道路、卫生、教育、信贷、通讯、环境保护、养老、助残、青少年发展、妇女权益、社区优抚、扶贫等	促进社区发展、人类公平、社会福利和可持续发展	社会弱势群体、城市/农村社区居民和环境
中介支持类	能力建设平台活动	培训、研讨、领导力开发、筹资、评估、审计、专业管理	促进社会组织与公益行业发展、社会管理创新	各种类型的社会组织和社团

文化志愿服务项目就是指文化志愿服务以项目模式运营，考虑项目管理的流程和目标，根据项目的时间、预算、资源，来明确志愿服务活动的目标，制定活动规范，并以此为依据完成一系列志愿服务项目。文化志愿服务项目由志愿者参与解决文化志愿服务等问题，旨在繁荣和发展文化，满足人民日益增长的文化需求。文化志愿服务项目的组织类型较集中在行动倡导类、技术应用类、社区工作类等，主要是对社会公众进行文化的宣传、推广等。

二、文化志愿服务项目属性

由于文化志愿服务项目的鲜明特征，就需要更加注重文化志愿服务项目各个要素之间的相互作用，因此要更关注文化志愿服务的项目属性。

（一）明确的文化志愿服务目标

文化志愿服务是为提高全民文化素质、传播先进文化、满足人民群众文化需求、保障各种文化权益所形成的公共文化产品和服务。其最直接的目标是为了满足服务对象的文化需求。

（二）确定的文化志愿服务范围

文化志愿服务的内容多样，但是也不可能做到穷尽，文化志愿服务项目受一定范围的约束，即主要是在文化类的志愿服务这一范围中开展，志愿者有较为具体和固定的文化专业技能，并可以利用自身技能开展志愿服务。

（三）特殊的文化志愿服务资源

文化志愿服务项目和一般志愿服务项目一样需要时间、费用、人员、技能等相关资源。只有合理运用这一系列资源才能更好地实现预定的目标。人力资源作为文化志愿服务资源的核心，应贯穿到整个志愿者的实施管理过程中，即志愿者的招募、选拔、培训、上岗等所有流程中。从文化志愿服务的角度来看，资源需要向文化资源倾斜，即费用、人员、技能等都应具有相应的文化专业技能或文化资质或文化兴趣。在文化志愿者招募选拔的所有流程中也应更重视文化资源的调配。

三、文化志愿服务项目书的组成

撰写文化志愿服务项目书是开展文化志愿服务的基础，因此，志愿者或志愿组织在开展志愿服务项目前应了解项目书的组成部分，一个完整的文化志愿服务项目，应该包括项目名称、项目团队情况、项目实施时间、受益对象、参与志愿者人数、项目背景、项目方案、预期效果等。

（一）项目名称

文化志愿服务项目应首先确定项目名称。服务项目名称要能较为鲜明地反映出项目的内容和形式，服务项目名称简洁明了，朗朗上口，利于人们记忆，项目名称要充分考虑服务对象的关注点和兴趣点。项目名称要尽量有独特性和创造性。有些文化志愿服务项目可能以主副标题来搭配和补充，主标题侧重于引起人们注意、唤起人们的情感，副标题则应表示活动的形式等具体信息。如“书法进课堂”志愿服务项目，这个项目名称较为直接，比较鲜明地表现了志愿服务的内容和形式，即将书法纳入课堂教学中，通过文化志愿服务来弘扬中华优秀传统文化。如“‘点灯人’——亲子阅读推广志愿服务计划”，这个项目名称就是以主副标题的形式设置的，“点灯人”用一个意象很鲜明地表明此类志愿项目的目的和希望，同时能引起关注者的注意和兴趣，破折号后“亲子阅读推广志愿服务计划”则是表明该项志愿服务项目的具体形式和内容，即通过亲子之间的关系来扩展全民阅读。如“我讲历史给同龄人听——‘小橘灯’讲解职业素质体验营活动”项目，这个名称以第一人称叙述，拉近了志愿者和服务对象之间的距离，既可以提升吸引力，又提升了亲和力，同时副标题详细介绍了文化志愿服务的内容和形式。如“乡‘约’文化——文化服务乡村行”活动，巧妙地将乡村文化志愿服务的几个关键词融合在一起，使项目名称朗朗上口，更易于人们记忆，同时也展示了该项目的服务内容。

（二）项目团队情况

申报书中应明确项目团队的基本情况，以便让服务对象或服务团队有更为明确的概念，从而安排何种规模、何种方式的志愿服务项目。项目团队情况主要包括团队组织的性质、成立时间、主管单位、注册资质、项目负责人的基本信息、团队成员及分工、团队运营保障情况、团队前期获奖情况等。项目团队的介绍要尽可能围绕文化志愿服务的相关需求，使服务对象能一目了然地了解该团队的运营状况，增强志愿服务的信服度。尤其是文化志愿服务，应体现团队在这一文化专业领域的优势、经验和特长。项目负责人和团队成员应体现分工合作，团队成员的分工可以包括项目策划、项目管理、志愿者招募、项目培训、项目实施、项目宣传、项目财务等多个方面，团队成员既有直接从事文化志愿服务的志愿者，更应有管理志愿者的团队。项目团队成员的组成最基本的条件应是志趣相同，都有志于从事文化志愿服务的相关工作，但仅是兴趣相投还不够，项目负责人还应该发掘团队成员的个性和能力，进行合理搭配、能力互补。项目团队管理可建立团队管理制度，提升团队管理的能力，项目申报书可以将团队管理制度纳入申报书附录中。

（三）项目基本情况

项目的基本情况应包括项目实施时间、实施频次、实施地点、受益对象、服务人数等基本信息。项目申报书中应介绍项目的基本情况，将项目的计划较为明确和完整地展现出来。项目的基本情况可以以较为简短的形式展现，力求做到清晰明了即可。

（四）项目背景

项目背景在项目书中较为重要，主要是表明此类志愿服务项目开展的原因、项目优势分析、可行性分析以及所处的环境背景等，也就是弄清楚项目为什么要开展，这与项目需求和受益人需求是相对应的。例如天津市河西区“天津小海豚听障儿童合唱团”志愿服务项目，该项目的背景源于项目发起人肖玲，肖玲是天津市残联从事聋儿语训的干部，她也是一位听障儿童母亲。她在工作中发现许多佩戴人工耳蜗的听障儿童说话时语调直白，缺少起伏和情感的细腻表达，面对很多有形无形的歧视，更让他们胆怯自闭不愿与人交流。面对这种状况，肖玲与三位从事音乐和戏剧表演工作的朋友经过探讨，产生了组建一个合唱团，以音乐康复听障儿童的想法。这是因为音乐艺术具有高低强弱、明暗快慢的特性，它表达情感比单纯的语言更细腻，优美的旋律与和声有助于提高审美情趣，调动阳光向上的快乐情绪，尤其合唱艺术能培养团队合作意识，改善封闭自卑的性格。针对这一背景，该项目发展五年来以“科学康复、艺术陶冶、改变性格、扭转命运”为目标，建立听障儿童合唱团。①

（五）项目方案

项目方案是项目书中最核心的部分，主要是表明此类志愿服务项目的目标和内容、项目如何开展（项目实施过程，如筹划、实施、收尾、总结等环节）、项目如何分工（志愿者、服务对象之间如何协调），项目如何宣传（线上、线下多种媒体的宣传）、项目实施以来取得的主要成果、项目创新性、可持续性、项目预算等，必要时还应有项目的应急预案等。现以南京市栖霞区图书馆特殊人群导读志愿者服务项目书为例，重点展示项目方案部分。

---

① 天津市河西区“天津小海豚听障儿童合唱团”志愿服务项目 [EB/OL].http://www.wenming.cn/specials/zyfw/2019sg100/zjzyfwxm/201911/t20191129_5334870.shtml, 2019-11-29.

表6-2 项目方案

<table>
<tr><td>项目目标及内容</td><td colspan="5">志愿者项目的主要目标是：
1.推广全民阅读、实施分众阅读工程，丰富居民的业余文化生活；
2.爱残助残，弘扬雷锋精神、推广志愿者活动。
目标实现的过程：
由于行动不便等原因，残障人士可能没有办法像其他人一样正常地进行业余的文化生活，在全民阅读的推广工作中，正常的推广手段对目标人群的效果也不佳。为了进一步推广全民阅读，方便残障人士阅读，丰富他们的精神文化生活，我们组织了志愿者服务队为盲人讲述电影、辅助他们读书看报，提升他们的阅读兴趣，关注他们的生活。
而在志愿者为残障人士提供志愿者服务的过程中，这样的志愿者服务精神相信也能够感染更多的有爱心的人，让越来越多的人加入志愿者服务的队伍中来，形成一个良性循环，创建有栖霞特色的志愿者服务文化。</td></tr>
<tr><td rowspan="5"></td><td>序号</td><td>时间
（年/月/日）</td><td>具体服务内容</td><td>志愿者人数</td><td>服务对象人数</td></tr>
<tr><td>1</td><td>2017.4.22</td><td>公益专场——给盲人讲电影</td><td>18</td><td>80</td></tr>
<tr><td>2</td><td>2017.7.22</td><td>第一期残障剪纸活动（8场）</td><td>30</td><td>300人</td></tr>
<tr><td>3</td><td>2019.3.17</td><td>第二期残疾人剪纸班（8场）</td><td>30</td><td>300人</td></tr>
<tr><td>4</td><td>每天开展</td><td>特殊人群导读服务</td><td>每天1人</td><td>每天
5−10人</td></tr>
<tr><td>项目实施以来取得的主要成果</td><td colspan="5">栖霞区图书馆特殊人群导读志愿者服务队以服务全区有阅读需求、精神文化需求的特殊人群为宗旨，以区图书馆为中心，在馆内及全区开展各类型文化活动，丰富特殊人群精神文化生活。尤其是联合区残联打造的几个专门面向特殊人群的活动在社会爱心人士中广为传播。目前，栖图还在计划与更多的社会组织、高校合作，引入社会资金，扩大特殊人群导读志愿者服务队的业务范围和服务人群。
栖霞区图书馆特殊人群导读志愿者服务队开展的一系列活动极大程度地丰富了全区各类特殊读者的精神文化需求，让身体不便或有特殊需求的读者也能够正常享受阅读乐趣。而这些志愿者活动也受到了媒体的关注，在社会上引发了一阵学习雷锋、助残爱残的良好风气。另外，图书馆同样也是特殊教育师范学院师生良好的学习、实践基地，随着跟各类特殊人群接触得越来越多，他们更加了解特殊人群的需求，能够在真正走上社会之后做好面向特殊人群的各类服务工作。</td></tr>
</table>

（续表）

<table>
<tr><td>项目创新性</td><td colspan="3">志愿者队伍成员中有普通居民、读者，也有特教学院学生、老师，还有地方非遗传承人，他们以多样的活动和贴心的服务，为残疾人、特殊人群读者提供了丰富的精神文化生活。同时，也激励了更多人投身于栖霞文化，投身于公益事业。</td></tr>
<tr><td>可持续性</td><td colspan="3">志愿者服务队伍的主要成员是南京特殊教育师范学院的学生，为了提高自身的专业素养、完成学校的相关学习任务，他们需要在社会中获得实践的机会。而栖霞区图书馆则提供进行实践的平台和支撑。图书馆有各种不同需求的读者，却缺少一些有特殊专业技能的工作人员。为了更好地为各类读者提供优质的服务，图书馆欢迎南京特殊教育师范学院的学生到馆进行实践活动，并对志愿者提供支持和补助。</td></tr>
<tr><td rowspan="5">资金来源</td><td rowspan="3">收入资金</td><td>社会捐赠资金</td><td rowspan="5">略</td></tr>
<tr><td>财政资金（含福彩资金）</td></tr>
<tr><td>其他资金</td></tr>
<tr><td colspan="2">2018年资金收入合计</td></tr>
<tr><td colspan="2">2018年项目支出合计</td></tr>
<tr><td rowspan="7">项目申报资金预算</td><td colspan="2">项目支出</td><td>金额（元）</td></tr>
<tr><td colspan="2">志愿者交通补贴</td><td rowspan="6">略</td></tr>
<tr><td colspan="2">志愿者用餐补贴</td></tr>
<tr><td colspan="2">活动宣传（海报设计、制作）</td></tr>
<tr><td colspan="2">培训讲师聘请</td></tr>
<tr><td colspan="2">活动器材、物资</td></tr>
<tr><td colspan="2">总计</td></tr>
</table>

（六）预期效果

项目的预期效果是项目建立在前期分析基础上，根据项目实施过程等对项目的目标有一定的预期分析。预期效果可以根据核心目标产生预期成果和预期产出，预期效果可以通过一些指标来衡量。例如在开展青少年非物质文化遗产体验志愿服务时，核心目标是要使青少年能参与非物质文化遗产体验中来，感受非物质文化遗产的魅力，那么根据这一核心目标，预期效果就是参与该项目的青少年能够了解非物质文化遗产的知识，近距离体验非物质文化遗产，从而提升对其的保护和重视。针对这一预期效果，可以设置一定的衡量指标，比如此类项目实施前合适时候的对比反馈等。

第二节　文化志愿服务项目需求调查

※

开展志愿服务项目首先应该明确服务对象的需求，因此选题是开展项目的第一步。要做到精准对接志愿服务对象，需要在前期开展项目需求调查。对于文化志愿服务项目来说，深入服务对象周边开展摸底调查，制定需求量表，筛选服务对象对文化服务的需求，筛选志愿者的文化服务能力，建立适合服务对象的文化资源志愿服务项目库。

一、梳理文化志愿服务需求

从主体上划分，文化志愿服务需求主要包括接受帮助的服务对象的需求和给予帮助的志愿者的需求。

对于接受帮助的服务对象来说，文化志愿服务组织通过梳理需要帮助的文化志愿服务人群，根据不同实际情况明确对象的需求，例如在城市社区的居民需要在繁忙的工作生活之余有一个良好的文化氛围，在生活中获取文化的涵养和文化技能的学习，从而丰富其物质和精神文明生活；对于祖国中西部地区或边疆地区，当地居民需要认识和了解外部的世界，同时将本地区的优秀文化或非物质文化遗产带到其他地方，他们需要以文化带动当地经济，促进文化交流；对于一些弱势困难群体来说，他们虽然在身体或生理上存在困难，但依然对文化有所追求，精神世界的丰富可以在一定程度上减轻身体上的痛苦，因此他们需要用文化来提升生活质量和水平。服务组织通过问卷调查、访谈等形式深入这些群体之中，收集服务对象的诉求。对于给予帮助的志愿者来说，志愿服务组织应通过网站、微信、微博等新媒体平台设置不同的文化志愿服务团队类别，根据志愿者的文化专业技能和服务初衷，分门别类地动员宣传志愿者参与其中，比如致力于传承中华传统美德，开展美术、书法、音乐等文艺技能辅导，开展全民阅读，开展文艺演出等，依据服务的能力和兴趣构建不同类别的志愿团队，志愿服务组织及时告知志愿者组织架构、设置目的、活动内容等。

二、将需求转化为志愿服务课题

在梳理、调研服务对象和志愿者的文化志愿服务需求后，就要将需求进行梳理并形成志愿服务课题，围绕课题志愿者和志愿组织根据志愿服务的目标、人物等将课题转化为项目。

志愿服务需求可以从参与动机、参与目的、参与预期等分析。从参与动机来看，服务对象参与文化志愿服务有的是希望能丰富精神文化生活，有的是希望掌握某项文化技能，有的是促进文化交流交融，有的是为了传承保护文化遗产等；而志愿者参与文化志愿服务的动机有的是希望能够为人们提供更多的服务，有的是为了实现个人的奉献价值。从参与目的来看，服务对象希望通过志愿活动可以获得丰富、方便、低价的服务，志愿者则希望实现志愿的价值以及所属的文化领域更广泛的普及。从参与预期分析，双方多希望能够通过组织参与文化志愿服务活动，提高文化生活水平，发展文化事业。在从需求转化为课题时，应注重问题导向和操作途径。例如针对边疆地区开展文化志愿服务，在前期对边疆地区人民开展需求调研之后，分析他们的服务需求，提出“文化、志愿、边疆、少数民族”四个关键元素，围绕这四点进行课题设置，开发促进服务方和服务对象的文化项目，充分体现少数民族的特色，促进民族文化交流。

第三节　文化志愿服务项目实施与管理

※

文化志愿服务项目立项后，就要开始实施志愿服务项目了，项目团队和志愿者应根据实施计划来努力完成项目。项目实施与管理主要包括项目的实施和团队的管理。当这两方面都能在组织者的控制范围内，就能发挥文化志愿服务项目的作用。

一、文化志愿服务项目的实施

项目的实施前期根据项目书的内容需要完成以下的项目计划：项目背景和目标、项目管理计划、项目分工任务、项目时间进度、项目预算计划、项目风险管理计划等。围绕这些计划在实际过程中要做到项目的管理，项目的管理总体来说要控制风险，控制进度成本。要充分考虑“项目控制的可接受限制”“因为有些组织在项目进展情况中设置了很严格的限制，有些组织则不那么严格。研究显示，项目如果与基线偏离的比例高于15%（不管是成本还是进度），则几乎不能恢复到比原有计划接近10%的水平。换句话说，与基线偏离10%应作为项目负责人要保持对项目控制的限制。”[1]因此项目控制应该在适当的范围里去完成。例如在对留守儿童开展文化艺术导赏的过程中，预期计划是使每一个参与的儿童都能够对某项文化导赏的内容有十分深入的了解，但是在实际过程中，由于每个儿童的情况不同，且对文化导赏的兴趣和感受不同，不能实现100%的效果，因此要在项目控制的可接受限制，则尽量达到留守儿童接受文化艺术导赏效果的90%，这样，在可交付成果范围内，可以完成志愿服务的预期目标。

二、文化志愿服务团队的管理

志愿服务团队要形成团体效应，才可以更高效地完成志愿服务项目。团队意识的形成应具有共同的目标、共同的兴趣，在具体实施志愿服务项目中，团队应注重成员的分工和角色的分配。志愿服务团队内部主要包括项目负责人、志愿者经理、志愿者团队。

项目负责人：如果项目较大的话，项目负责人应主要承担项目的统筹管理，不一定要实际参与项目中。如果项目较小的话，项目负责人同时也是项目实施人员，可以更好地参与项目之中。

志愿者经理：主要是协调志愿者管理，指导和帮助志愿者更好地开展志愿服务，志愿者经理应对其他项目成员非常熟悉，为志愿者创造良好的工作环境，及时获取志愿者的各项需求，保障志愿者的权利。

志愿者团队：志愿者团队主要是承担志愿服务项目的具体开展的，对于文化志愿服务类项目来说，志愿者团队的组成应兼顾文化专业能力、学习能力、沟通能力、志愿热情等多方面因素。

志愿服务团队管理方法应包括：建立基本的管理准则、沟通机制、议事机制，有培训管理机制、评估和奖励机制，还有一定的团建活动等。具体的管理过程应包括：志愿的岗位开发、志愿者的招募和匹配、志愿者的培训和辅导、志愿者的支持和激励、志愿者的绩效和评估。[2]以文化志愿服务项目来说，文化志愿服务的岗位开发应注重志愿者文化专业领域的能力，在职责、资历、技能等方面对文化专业领域有所倾斜；文化志愿

① 广东志愿者学院．志愿服务岗位能力培训教材（骨干级）[M]. 广东人民出版社，2014:75.
② 广东志愿者学院．志愿服务岗位能力培训教材（骨干级）[M]. 广东人民出版社，2014:80-86.

者的招募和匹配可以通过更为形象的方式开展广泛的动员，在招募志愿者之后，应对志愿者进行筛选和选拔，精准匹配志愿服务岗位；志愿者的培训和辅导应着重文化专业领域和一般通识类的志愿服务培训，如能力、礼仪、沟通技巧等，志愿培训可以建立志愿服务指引，编写《志愿服务手册》，明确志愿项目管理的规章制度；志愿者支持和激励应为志愿者提供合理的休息、餐饮、服装等外在需求，更可以将志愿者的经历转化成社会的认可和奖励，通过志愿者证明、优秀志愿者评选等形式，提升志愿者参与的动力，使志愿者获得成就感；志愿者的绩效与评估应开发记录志愿者工作的工具或软件，建立志愿者工作台账，志愿者的绩效和评估需要来源于服务对象和志愿者团队两方面，志愿服务团队可根据绩效和评估反馈来帮助志愿者进一步提升服务技能。

第四节　文化志愿服务项目的评估

※

志愿服务项目的评估应贯穿在整个项目过程中，如在筹备阶段、进行阶段和完成阶段都应建立完善的志愿服务项目评估体系。在筹备阶段，文化志愿服务项目的开展需要具有哪种文化领域的志愿者，需要什么样的文化技能，该项目的目标、预计的困难是什么都应有一个评估。在进行阶段，该项目需要文化志愿者们提供哪些方面的能力，预计的目标是否能实现，预计的困难是否可以避免或解决，为了更好地评估该阶段的志愿服务项目效果，则需要对数据等及时地收集，可由项目负责人或志愿者经理及时撰写评估报告。在完成阶段，该项目是否达到了预期目标，志愿者和服务对象是否获得了其文化志愿服务的相关需求，这些都应是完成阶段评估的重要内容，完成后，评估结果可以与团队成员或社会进行分享。

例如2019年度宣传推选学雷锋志愿服务最佳志愿服务组织山东省龙口市"习语润心"百姓宣讲志愿服务队，该服务队坚持用习近平新时代中国特色社会主义思想的精髓要义广布真理、启迪民心、凝聚共识、指导实践，策划实施"习语润心"主线项目，在志愿服务项目实施过程中，通过微信平台留言、调查问卷填写、上门走访等形式征询志愿服务团队和服务对象的意见，在收集意见中更好地评估志愿服务项目效果，为之后的志愿服务项目做到按需供给，精准匹配服务对象需要的内容和志愿者。通过志愿服务项目的评估，使志愿者在沟通中更能发现兴趣和潜力，提升志愿服务的实效。[①]

衡量一个项目成功的指标应包括以下九个要素，对于文化志愿服务项目来说也同样适用。九个要素为：①志愿服务项目促进社区参与、促成协商与合作。②志愿者是组织使命和文化的一个有机组成部分。③体系（管理、制度和流程等）加强和支持志愿服务的原则和志愿者参与，克服阻碍因素。④招募流程能够帮助发现个人的技能、兴趣和潜力，并能够有效地把它们与组织的需要相匹配。⑤为志愿者参与计划、决策提供持续的机会。⑥为员工和志愿者提供学习和发展的机会。⑦志愿者的贡献得到组织各个层面的认可。⑧为志愿者提供及时、灵活和适当的支持。⑨进行适当的评估，为所有参与方、志愿服务项目发展和持续改进提供反馈信息。[②]

① 山东省烟台市龙口市“习语润心”百姓宣讲志愿服务队 [EB/OL].http://www.wenming.cn/specials/zyfw/2019sg100/zjzyfwzz/201912/t20191205_5341409.shtml, 2019-12-5.

② 广东志愿者学院 . 志愿服务岗位能力培训教材（骨干级）[M]. 广东人民出版社，2014:97.

第五节　文化志愿服务项目成果转化

※

志愿服务项目结束后，暂时性的志愿服务团队可能会随着项目结束而解散，但是志愿服务项目的成果却应该得到更好的总结、转化和分享，从而促进志愿服务项目的可持续发展。项目成果的转化作为项目的最后一个环节同样非常重要，但有时会被忽视。好的志愿服务项目成果可以促进志愿服务项目科学化、常规化、持续化开展，甚至会影响政策制定、社会发展和人民生活，同时志愿服务项目成果转化也有利于志愿者的能力和价值的提升，使志愿服务蔚然成风。项目成果转化的方法可以分为总结、宣传和研究。总结指项目结束后的项目经验教训、创新方式和运作模式等的总结，这些经验方法能为后期同类志愿服务项目提供参考。宣传指项目的一些衍生的媒体产品，例如可以对志愿者或志愿服务对象进行采访，制作视频、电影、图片、歌曲等新媒体产品，编辑出版书籍等，制作、发布媒体产品可以提升项目的社会影响力。研究指的是项目成果的学术化研究，可以为相关政策建议提供支持。

例如河南省辉县市西平罗乡东沙岗村川中社区大学致力于促进农民终身学习和乡村文化服务，每年会为当地村民开设公共文化课程，组织群体性文体活动。川中社区大学不仅重视服务的过程，更重视志愿服务项目的成果转化，“在志愿服务中，社区大学会每年编辑一本《川中社区大学年刊》，每卷30万字，已经编制了4卷。《年刊》以学员创作的散文、诗歌和书画，以及教师们的教学感悟为主要内容，既督促了学习、挖掘了潜力、展示了成果，也真实记录了社大的发展和学员的成长历程。"[①]这一项目成果的转化更好地总结了川中社区大学的服务成果，同时也为当地村民留下了一个美好的记忆，更好地推动志愿服务项目的宣传和推广。

江苏省徐州市"胖胖熊"基于"阅读+"思维的少儿阅读推广计划通过打造"阅读+"思维的方式，结对帮扶，最大化利用社区青少年阵地及书屋资源，深入社区为社区青少年提供专业的阅读引导服务，大力推广全民阅读，将空置书屋变成"活书屋"。该项目重视志愿服务成果转化，研发"阅读+"（融阅读）文化阅读体系，打造链式"阅享空间"，组建循环公益图书馆联盟，研制了垂直式科学书单和"三标课堂"阅读模式，这些成果的研究和转化提高了文化志愿服务项目的可持续发展的能力，同时也能为推广全民阅读提供一系列的实践经验。此外，目前很多文化志愿服务项目也都通过新媒体平台提升志愿服务项目的影响力，将零散的文化志愿服务活动转化成可听、可视、可感的固定平台，提升了文化志愿服务的实用价值。

① 川中社区大学：以农民终身学习启动乡村文化建设 [EB/OL].http://www.wenming.cn/specials/zyfw/2019sg100/zjzyfwxm/201912/t20191212_5348935.shtml, 2019-12-12.

附录

文化志愿服务相关管理办法

文化志愿服务管理办法

文公共发〔2016〕15号

※

第一章　总则

第一条　为发挥文化志愿服务在构建现代公共文化服务体系中的积极作用，鼓励和引导文化志愿服务活动广泛深入开展，推动文化志愿服务常态化、规范化、制度化，根据文化志愿服务特点，制定本办法。

第二条　本办法所称文化志愿者，是指利用自己的时间、知识、技能等，自愿、无偿为社会或他人提供公益性文化服务的个人。

本办法所称文化志愿服务组织单位，是指组织开展文化志愿服务的文化行政部门、文化单位。

本办法所称文化志愿服务组织，是指以开展文化志愿服务为宗旨的非营利性社会组织。

第三条　文化志愿服务应弘扬奉献、友爱、互助、进步的志愿精神，遵循自愿、无偿、利他、平等的原则。

第二章　文化志愿者

第四条　文化志愿者应热心文化事业，具有一定的文化艺术才能和相应的民事行为能力。

鼓励有意愿、有能力的人成为文化志愿者。

鼓励老年人在自愿和量力的情况下参加文化志愿服务活动。

未成年人经其监护人同意或由其监护人陪同，可参加与其年龄、身心状况相适应的文化志愿服务活动。

第五条　文化志愿者可向文化志愿服务组织单位申请实名注册。注册时，应提供真实身份信息、服务技能、服务时间、联系方式等个人基本信息。

第六条　文化志愿者享有下列权利：

（一）根据自己的意愿、时间和能力提供文化志愿服务；

（二）获得文化志愿服务活动真实、准确、完整的信息；

（三）参加文化志愿服务培训；

（四）获得开展文化志愿服务必要的工作条件；

（五）要求文化志愿服务组织单位如实记录参与文化志愿服务的有关信息；

（六）请求文化志愿服务组织单位帮助解决在文化志愿服务过程中遇到的实际困难；

（七）对文化志愿服务工作提出意见和建议；

（八）相关法律、法规及规章制度规定的其他权利。

第七条　文化志愿者履行下列义务：

（一）自觉维护文化志愿者的形象与声誉；

（二）遵守文化志愿服务管理制度；

（三）履行文化志愿服务承诺或协议，完成文化志愿服务组织单位安排的志愿服务任务；

（四）尊重服务对象的意愿、人格和隐私，不得向其收取或者变相收取报酬；

（五）因故不能参加或完成预先约定的文化志愿服务活动时，履行合理告知的义务；

（六）相关法律、法规及规章制度规定的其他义务。

第三章　文化志愿服务组织单位

第八条　文化志愿服务组织单位履行下列职责：

（一）制定文化志愿服务计划；

（二）依法筹集、管理和使用文化志愿服务经费、物资；

（三）组织开展文化志愿服务活动；

（四）负责文化志愿者的招募、注册、培训、服务记录、绩效考核等工作；

（五）为文化志愿者开展文化志愿服务提供必要的工作条件，帮助解决文化志愿服务过程中遇到的实际困难；

（六）根据文化志愿者的要求和相关管理规定，出具文化志愿服务相关证明；

（七）开展文化志愿服务宣传、交流与合作；

（八）履行相关法律、法规规定的其他职责。

第九条　文化志愿服务组织单位可根据实际需求制定招募计划，定向招募或面向社会公开招募文化志愿者。

招募文化志愿者，应当明确公告文化志愿服务项目和文化志愿者的条件、数量、服务内容、保障条件以及可能发生的风险等信息。

第十条　文化志愿服务组织单位应依据文化志愿者本人申请，对于符合条件的予以注册并发放注册服务证，如实记录文化志愿者个人基本信息和服务开展情况。

未经文化志愿者本人同意，文化志愿服务组织单位不得公开或泄露其有关信息。

第十一条　文化志愿服务组织单位应按照专业技能、服务对象等对文化志愿者进行分类管理。

第十二条　文化志愿服务组织单位应定期对文化志愿者开展业务知识、技能培训和安全教育。

第十三条　文化志愿服务组织单位应定期对文化志愿者服务情况进行绩效考核。对未遵守相关规定、不履行本办法第七条规定义务的文化志愿者，建立退出机制。

第四章　文化志愿服务

第十四条　文化志愿服务的范围主要包括：

（一）在公共图书馆、文化馆（站）、博物馆、美术馆等公共文化设施和场所开展公益性文化服务；

（二）深入城乡基层开展文艺演出、辅导培训、展览展示、阅读推广等公益性文化服务；

（三）为老年人、未成年人、残疾人、农民工和生活困难群众等提供公益性文化服务；

（四）参与基层文化设施的管理和群众文化活动的组织等工作；

（五）参与文化行政部门和文化单位开展的文化遗产保护、文化市场监督等工作；

（六）开展其他公益性文化服务。

第十五条　文化志愿服务组织单位应根据工作需要和自身职责开展文化志愿服务，也可根据有文化志愿服务需要的单位或个人的申请提供文化志愿服务。

第十六条　开展文化志愿服务，文化志愿服务组织单位、文化志愿者、文化志愿服务需求方应就文化志愿服务内容、权利义务和法律责任等协商一致，必要时应签订书面协议。

第十七条　有下列情形之一的，文化志愿服务组织单位与文化志愿者、文化志愿服务组织单位与文化志愿服务需求方之间应签订书面协议：

（一）任何一方要求签订书面协议的；

（二）对人身安全、身心健康有较高风险的；

（三）为大型公益文化活动提供文化志愿服务的；

（四）法律、法规规定应签订书面协议的。

第十八条　文化志愿服务协议应包括以下内容：

（一）文化志愿服务的内容、时间、地点；

（二）当事人的权利、义务；

（三）风险保障措施；

（四）协议的变更和解除；

（五）法律责任及争议解决方式；

（六）需要明确的其他事项。

第十九条　开展文化志愿服务，文化志愿服务组织单位应根据实际情况为文化志愿者办理人身意外伤害保险。

第二十条　开展文化志愿服务应使用统一的标识。

第五章　激励和保障

第二十一条　文化志愿服务组织单位应结合实际建立文化志愿服务激励回馈制度。

有良好服务记录的文化志愿者可获得艺术观摩与培训、文化艺术消费、公益性文化服务等方面的优惠待遇。

文化行政部门应推动文化志愿者在用工、教育、社会保障等方面享受本地区关于志愿者的优惠奖励政策。

第二十二条　文化志愿服务组织单位应建立文化志愿服务嘉许制度。对服务时间较长、业绩突出、社会影响较大的文化志愿者、文化志愿服务团队和文化志愿服务项目给予褒扬。

第二十三条　文化志愿服务组织单位应为文化志愿服务开展提供必要的经费支持。

文化志愿服务经费应主要用于文化志愿服务开展过程中涉及的场地租用、物品制作、人员培训、后勤保障、宣传推广等方面。

文化志愿服务经费使用应严格遵守有关财务制度，接受有关部门的监督。

第二十四条　鼓励和支持社会力量通过捐助设施设备、赞助等方式参与文化志愿服务。

第二十五条　鼓励以政府购买公共文化服务的方式吸引符合条件的文化志愿服务组织参与公共文化服务项目或活动。

第二十六条　文化志愿服务组织单位、文化志愿者开展文化志愿服务，造成对文化志愿服务对象或其他相关人员合法权益损害的，按照法律法规及有关规定承担相应责任。

第六章　附则

第二十七条　各地文化行政部门可根据本办法制定具体的实施办法。

第二十八条　本办法自公布之日起施行。

关于公共文化设施开展学雷锋志愿服务的实施意见

※

围绕发挥公共文化设施培育和弘扬社会主义核心价值观、传播社会主义先进文化的重要作用，根据中宣部、中央文明办、民政部等8部门《关于支持和发展志愿服务组织的意见》（文明办〔2016〕10号）精神，现就深入推进公共图书馆、博物馆、文化馆、美术馆、科技馆和革命纪念馆（以下统称公共文化设施）学雷锋志愿服务，提出以下意见：

一、总体要求

（一）指导思想。全面贯彻落实党的十八大和十八届三中、四中、五中全会精神，以邓小平理论、“三个代表”重要思想、科学发展观为指导，深入贯彻习近平总书记系列重要讲话精神，紧紧围绕“五位一体”总体布局和“四个全面”战略布局，牢固树立并贯彻落实创新、协调、绿色、开放、共享的发展理念，坚持中国特色社会主义道路自信、理论自信、制度自信、文化自信，以培育和践行社会主义核心价值观、满足人民群众日益增长的精神文化需求为出发点，以提高国民素质和社会文明程度为目标，以公共图书馆、博物馆、文化馆、美术馆、科技馆和革命纪念馆为平台，稳步推进公共文化设施志愿服务站点建设，广泛吸引志愿者参与文化志愿服务，发展壮大学雷锋志愿服务队伍，大力弘扬“奉献、友爱、互助、进步”的志愿精神，丰富人民精神世界，增强人民精神力量，建设社会主义文化强国，助推实施国家创新驱动发展战略和建设世界科技强国，为实现“两个一百年”奋斗目标、实现中华民族伟大复兴的中国梦提供坚强的思想保证、强大的精神力量和丰润的道德滋养。

（二）基本原则

坚持正确导向。牢固树立以人民为中心的工作导向，树立红色阵地意识，把社会主义核心价值观贯穿结合融入文化志愿服务，引导人们服务他人、奉献社会，主动承担社会责任，共同建设美好生活，促进在全社会形成积极向上的精神追求和健康文明的生活方式。

坚持文化育人。突出爱国主义主旋律，用中华民族创造的一切精神财富来以文化人、以文育人，大力宣传中华民族的光荣历史、优秀文化和科技成果，继承五四运动以来的革命文化传统，让收藏在禁宫里的文物、陈列在广阔大地上的遗产、书写在古籍里的文字活起来，引导人们树立和坚持正确的历史观、民族观、国家观、文化观，增强做中国人的骨气和底气。

坚持示范带动。立足公共文化设施实际，自上而下、逐次推进，率先搞好国家级文博单位和科普场馆的志愿服务，抓点带线、以线促面，建立示范带动机制，建设一批活动规范有序、作用发挥明显、社会影响力强的示范单位，为公共文化设施开展志愿服务树立榜样和标杆，示范带动各类志愿服务组织和服务项目健康发展，促进学雷锋志愿服务制度化常态化。

坚持改革创新。把支持和发展公共文化设施志愿服务纳入文化体制改革，促进基本公共文化服务标准化、均等化。深化志愿服务内容和形式创新，因地制宜，科学规划，突出特色，打造品牌。深化文化志愿服务管理模式创新，鼓励志愿者自我教育、自我管理、自我服务，提高志愿服务效率，提升志愿服务水平。

（三）工作目标。到2020年，基本建成公共文化设施志愿服务组织体系、志愿服务项目体系和志愿服务管理制度体系。公共文化设施志愿者队伍不断壮大，志愿服务组织充满活力，志愿服务活动广泛开展，成为全社会学雷锋志愿服务的品牌、传承和弘扬中华优秀传统文化的窗口、培育和践行社会主义核心价值观的重要阵地。

二、壮大公共文化设施志愿者队伍

（四）志愿者服务内容。公共文化设施志愿者，是指以自己的时间和知识、技能、体力等，在公共文化设施提供志愿服务的个人。公共文化设施志愿者一般从事三类服务：一是社会教育，主要是讲解导览、公共教育、文化活动等；二是专业服务，主要是参与文创开发、藏品登记、专业研究、文献翻译、陈列展览等；三是辅助管理，主要是行政运行、信息咨询、环境秩序维护等。

（五）志愿者招募范围。公共文化设施要坚持以需求为导向招募社会志愿者，也可招募本单位职工利用工余时间参加志愿服务。鼓励面向社会招募身体健康的低龄老年志愿者，发挥他们时间充裕、服务热情高、生活阅历丰富的优势，形成公共文化设施志愿者的稳定力量。鼓励从文化单位、研究机构、专业院校招募志愿者，支持专家学者和社会知名人士积极参与，发挥他们的专业优势，提升志愿服务专业化水平。支持依法登记的社会组织特别是慈善组织及其志愿者队伍，协同公共文化设施开展志愿服务、培训和管理。倡导青少年学生到公共文化设施参加力所能及的志愿服务，培养志愿服务意识，提高社会实践能力，增强社会责任感。在校学生参与公共文化设施志愿服务，原则上应由学校统一组织。

（六）志愿者招募条件。公共文化设施志愿者一般应年满18周岁，具备与从事志愿服务相应的民事行为能力、身体条件、服务时间、服务技能和人文素养，能够参加志愿服务培训及相关活动。自觉遵守国家法律法规，具有良好品行，工作负责，热情礼貌，友好协作。不满18周岁的未成年人经其监护人同意或由其监护人陪同，可参加与其年龄、身心状况相适应的文化志愿服务活动。

三、推进公共文化设施志愿服务

（七）成立志愿服务组织。公共文化设施可根据志愿服务需要，经单位领导机构同意，在本单位成立志愿服务组织。公共文化设施成立的志愿服务组织可以申请成为已登记志愿服务组织的会员单位或分支机构，接受其规范指导和工作支持。达到登记条件的，可向民政部门申请依法登记。鼓励社会组织孵化基地支持公共文化设施志愿服务组织的启动成立、初期运作、项目开发、合作交流等，帮助提升公共文化设施志愿服务能力。

（八）设立志愿服务站点。公共文化设施结合自身实际，建立志愿服务站点，搭建志愿服务平台。建立健全科学有效的志愿服务管理制度，编写志愿服务手册或服务指南，为志愿者开展志愿服务提供基本遵循和依据。要安排工作人员做好志愿服务的组织、管理和保障，引导志愿者与公共文化设施工作人员协同配合，合力提高服务效能。

（九）坚持项目化运作。把面向群众、服务社会摆在首位，结合公共文化设施自身特点，精心设计开展志愿服务项目。项目定位要准确，紧密结合志愿服务对象的需求，合理安排志愿服务内容和志愿者岗位，明确岗位职责、服务标准和工作流程。志愿者招募要精准，明确每一个岗位对志愿者知识、技能、年龄、教育背景等方面的具体要求，把合适的人放在合适的岗位上，使人尽其才、才尽其用。项目实施要规范，运用管理制度规范志愿者行为，提高服务质量，打造品牌项目，扩大志愿服务社会影响。

（十）积极拓展服务范围。要立足单位、聚焦服务，不断拓展志愿服务领域，扩大志愿服务覆盖面。支持公共文化设施开展面向老年人、未成年人、残疾人、农民工和生活困难群众的志愿服务，大力弘扬中华民族尊老爱老、扶危济困、助人为乐的传统美德，促进社会和谐，维护社会稳定。鼓励公共文化设施与大中学校结对子，成为大中学生课外活动和社会实践基地，设计适合学生年龄特点的志愿服务项目。倡导公共文化设施加强社会合作，组织志愿者走进党政机关、企事业单位、城乡社区，举办知识讲座、巡回展览、文艺演出、阅读推广等，传播先进文化，普及科学知识。积极探索“互联网＋志愿服务”，安全合规利用信息技术手段，助推志愿服务专业化、特色化和精准化。鼓励符合规定条件的公共文化设施志愿服务组织，积极承接政府购买公共文化服务项目。

四、建立健全公共文化设施志愿服务制度

（十一）做好志愿者招募和注册。公共文化设施要根据志愿服务的需要，及时发布招募信息，明确志愿服务所需的条件和要求，组织开展经常性招募和临时性招募，使志愿服务有人做、做得好。依托全国志愿服务信息系统，建立完善志愿者注册制度，保护志愿者个人隐私。志愿者应在注册时，提供真实身份信息、服务技能、服务时间、联系方式等个人基本信息。

（十二）加强志愿者培训和管理。公共文化设施要根据志愿服务要求，以提升志愿者素质和能力为重点，组织学习培训，开展研讨交流，不断提高志愿者的服务意识、服务能力和服务水平。加强志愿者骨干的培养，使他们成为公共文化设施志愿服务的中坚力量。跟踪掌握志愿者接受培训、参加服务的情况，评估服务效果，及时改进提高，实现志愿者、服务对象和服务项目的有效衔接。坚持管理与服务并重，尊重志愿者意愿和劳动成果，保护志愿者的合法权益，吸引和留住优秀志愿者。

（十三）健全志愿服务考核激励机制。公共文化设施要建立和完善志愿服务记录制度，开展以志愿服务时间和服务质量为主要内容的综合评价，调动和保护志愿者的积极性和服务热情。按照《志愿服务记录办法》（民函〔2012〕340号）和《关于规范志愿服务记录证明工作的指导意见》（民发〔2015〕149号）要求，采用统一的内容、格式和记录方式，及时、完整、准确记录志愿者参加公共文化设施志愿服务的信息，规范出具志愿服务记录证明，做好志愿者星级认定工作。要充分体现志愿服务自愿、无偿、利他、平等的特点，建立志愿者嘉许制度，褒扬和嘉奖本单位招募的优秀志愿者，积极探索优秀志愿者激励回馈制度。按照“谁证明谁负责”的原则，逐步建立志愿服务虚假证明责任追究制度和监督检查制度。

（十四）加强志愿服务保障和支持。公共文化设施要将开展学雷锋志愿服务纳入事业发展规划，列入重要议事日程，制定保障措施和支持措施，促进志愿服务持续健康发展。要结合实际制定实施方案，明确具体责任部门和责任人，扎实推进工作落实，不断提高志愿服务的科学化、规范化和社会化水平。要保障志愿者必要的工作条件，为开展志愿服务提供必要的经费支持。根据志愿服务活动的需要，为志愿者提供适当的交通、误餐等补助，购买必要保险、提供基本保障，切实维护志愿者的正当权益。

五、加强组织领导

（十五）明确工作职责。落实中央文明委工作部署，把公共文化设施志愿服务纳入学雷锋志愿服务总体工作，统筹安排、共同推进。各地文明办要发挥好牵头作用，民政部门要切实履行行政管理工作职责，宣传、教育、文化、文物、科协等有关部门要结合工作职能，发挥自身优势，加强宣传引导，按照有关规定对作出突出贡献的志愿者和志愿服务组织进行表彰奖励，积极营造支持和参与公共文化设施学雷锋志愿服务的良好社会氛围。

（十六）发挥示范作用。制定公共文化设施学雷锋志愿服务首批61个示范单位具体工作方案，逐一明确志愿者数量、岗位、条件和报名方式，在中央媒体公布，形成社会声势，广泛吸引志愿者参与，激励示范单位发挥带头作用，走在前列。公共文化设施的党政领导干部、共产党员、共青团员要作出表率，积极参加学雷锋志愿服务。公共文化设施行业组织和全国性志愿服务总队要发挥好联络协调作用，推动行业性和区域性学雷锋志愿服务活动开展，促进地区间文化志愿服务协同联动，形成合力。

“十三五”时期文化扶贫工作实施方案

办财务函〔2017〕131号

※

为深入贯彻落实国务院“十三五”脱贫攻坚规划，进一步强化任务落实，加大对文化扶贫工作的指导，充分发挥文化在脱贫攻坚工作中的重要作用，现制定《“十三五”时期文化扶贫工作实施方案》。

一、总体要求

（一）指导思想

全面贯彻党的十八大和十八届三中、四中、五中、六中全会精神，以马克思列宁主义、毛泽东思想、邓小平理论、“三个代表”重要思想、科学发展观为指导，深入贯彻习近平总书记系列重要讲话精神和治国理政新理念新思想新战略，紧紧围绕统筹推进“五位一体”总体布局和协调推进“四个全面”战略布局，牢固树立和贯彻落实创新、协调、绿色、开放、共享的发展理念，按照党中央、国务院决策部署，坚持精准扶贫、精准脱贫基本方略，以社会主义核心价值观为引领，以革命老区、民族地区、边疆地区和集中连片特困地区为重点，加大文化扶贫的政策和资金扶持力度。发挥文化在脱贫攻坚工作中“扶志”“扶智”作用，推动贫困地区文化建设快速发展，全面提升贫困地区文化建设水平，确保贫困地区与全国同步进入全面小康社会。

（二）基本原则

——因地制宜，精准扶贫、精准脱贫。坚持以“六个精准”统领贫困地区的文化扶贫工作，精确瞄准、因地制宜、分类施策，变“大水漫灌”为“精准滴灌”，因地制宜采取精准措施解决贫困地区文化发展中存在的突出问题，做到真扶贫、扶真贫、真脱贫。

——以人为本，激发群众内生动力。坚持以人民为中心的发展思想和工作导向，尊重人民主体地位和首创精神，保障贫困人口平等参与、平等发展的权利，着力满足贫困地区人民群众日益增长的精神文化需求；充分调动贫困地区广大干部群众积极性、主动性、创造性，依靠自身努力改变贫困落后面貌。

——重心下移，突出重点、讲求实效。全面推进与重点突破相结合，着力加强基层文化建设主体责任，以县、乡、村三级为重点，促进文化资源更多向贫困地区倾斜，着力解决基层文化建设面临的难题。

——统筹推进，改革创新、激发活力。围绕创新发展、协调发展、绿色发展、开放发展、共享发展五大发展理念，实施项目带动，补齐短板弱项，加强改革创新，不断完善资金筹措、资源整合、监督考评等机制，形成合力，激发贫困地区文化发展的活力。

（三）工作目标

到2020年，贫困地区文化建设取得重要进展，文化发展总体水平接近或达到全国平均水平，人民群众精神文化生活更加丰富，人口素质和社会文明程度进一步提升，文化的“扶志”“扶智”作用充分体现。贫困地区的艺术创作不断繁荣，现代公共文化服务体系基本建成，文化遗产得到有效保护，文化产业实现长足发展，文化市场体系更加完善，文化交流逐步扩大，文化人才队伍不断充实。

二、主要任务

（一）推动贫困地区艺术创作生产

1.扶持扶贫题材艺术作品创作。鼓励各地积极围绕“精准扶贫、精准脱贫”开展主题作品创作，推出反映扶贫事迹、先进典型、经验成果等的舞台和美术作品。鼓励各地推荐优秀扶贫题材作品和来自贫困地区的优秀艺术院团及作品参加全国性优秀作品展演展示活动。

2.开展院团对口帮扶计划。结合“深入生活、扎根人民”主题实践活动，鼓励文化部直属院团与贫困地区基层文艺团体开展结对帮扶，提升贫困地区艺术创作水平。鼓励各级各类艺术院团赴贫困地区开展对口帮扶慰问演出。

3.加大对贫困地区的艺术培训力度。加大国家艺术院团和全国优秀剧目赴贫困地区开展公益性演出力度。通过“西部及少数民族地区艺术创作提升计划”、“戏曲艺术人才培养千人计划”和相关艺术领域专业人员培训等项目，加大对贫困地区艺术人才培养和扶持，促进东、中、西部艺术人才交流合作，为贫困地区人才的成长提供有力支持。

4.开展“送戏下乡”。中央财政设立送戏下乡项目，为贫困地区所辖乡镇每两个月配送一场以地方戏为主的文艺演出，每场演出补助3000元。各地因地制宜采取措施推动当地戏曲艺术发展。

（二）推动贫困地区公共文化服务体系建设

1.实施贫困地区民族自治县、边境县村综合文化服务中心覆盖工程。2016年至2017年，利用两年时间，在国贫县范围内的民族自治县、边境县的行政村建设2.2万个村级综合文化服务中心。

2.实施贫困地区设备购置项目。自2016年起实施贫困地区村文化活动室设备购置项目，按照每个文化活动室2万元的标准，分5年为贫困地区839个县已建成的11万多个村文化活动室配置音响、乐器、电脑、桌椅等基本文化设备，以保障其文化活动的正常开展。2016年起实施流动文化车项目，分两年为贫困地区839个县的文化馆每馆配送一辆流动文化车。

3.加强公共数字文化建设。继续实施文化共享工程，启动“中西部贫困地区公共数字文化服务提档升级”建设项目，在中西部22个省份的839个贫困县，对乡镇文化站提升配置。深入开展边疆万里数字文化长廊建设与服务。继续开展“数字图书馆推广工程”。进一步开展基层图书馆网络互联互通工作，保障扶贫试点优先联通网络；面向贫困县图书馆分步部署扶贫专题平台，提升贫困地区图书馆服务推广能力。

4.开展文化志愿服务项目。继续组织开展“春雨工程”——全国文化志愿者边疆行、“大地情深”——国家艺术院团志愿服务走基层和“阳光工程”——中西部农村文化志愿服务行动计划，动员各地广泛开展基层文化志愿服务活动，在文化志愿服务项目内容上，以重点需求项目为引领，推动文化资源向老少边穷地区倾斜，推动贫困地区文化志愿服务工作蓬勃开展。

5.提高公共文化服务效能。深入推进贫困地区公共文化机构免费开放工作，提升免费开放服务水平，争取中央财政加大支持力度，适当提高免费开放补助标准。支持贫困地区探索实行县级文化馆、图书馆总分馆制，盘活文化资源，提高服务效能。

（三）提升贫困地区文化遗产保护利用水平

1.加强贫困地区文物保护力度。在贫困地区有重点地开展考古调查研究，将贫困地区符合条件的遗址统筹纳入大遗址保护规划。推动贫困地区文物保护利用与新型城镇化建设、扶贫开发、产业转型升级相结合。加大对传统村落文物保护工作力度，引导地方政府做好村落业态发展。充分挖掘革命老区红色文化内涵，利用革命历史文物资源优势，发挥其在红色旅游中的重要作用，推动当地经济社会文化持续健康发展，带动贫困地区稳步脱贫。

2.提高博物馆公共服务水平。做好贫困地区文物征集与保护工作。实施贫困地区博物馆提升工程，完善基础设施，推动将更多贫困地区博物馆纳入财政支持的免费开放范围。打造博物馆精品陈列，提升展陈水平，充分发挥贫困地区博物馆社会教育和公共文化服务功能。支持省级博物馆采用“流动博物馆”形式送展览，教育活动和文物专家到贫困地区开展服务。

3.提升非物质文化遗产保护利用水平。加强对贫困地区非物质文化遗产的调查、研究、记录，建立非物质文化遗产档案和数据库。通过国家非物质文化遗产保护专项转移支付对贫困地区的非遗代表性项目和传承人保护予以重点倾斜。支持贫困地区的非遗项目和传承人优先入选各级非遗代表性项目名录和代表性传承人。推进国家级非物质文化遗产保护利用设施建设，在贫困地区选择一批具有较好传承潜力、与当地经济社会发展结合紧密的国家级非物质文化遗产项目，改善其保护、传承、发展的设施条件，建设非物质文化遗产保护利用设施。鼓励非物质文化遗产传承人利用公共文化服务设施开展非遗传承和展示活动。

4.贯彻落实《中国传统工艺振兴计划》。支持贫困地区有一定发展潜力和市场前景的传统工艺项目列入国家传统工艺振兴目录，并在政策、资金、人才等方面予以重点支持。依托具有较强设计能力的企业、高校和相关单位，在贫困地区设立传统工艺工作站并予以引导性资金扶持，帮助当地传统工艺企业和从业者解决工艺难题，提高产品品质，培育品牌，拓展市场，带动非遗传承人群增收致富。

5.支持文化生态保护区建设。对在贫困地区设立的国家级、省级文化生态保护区，加大支持和倾斜力度，支持开展相关调查研究、规划编制、传习设施修缮、普及教育、宣传展示、推广交流等。

（四）加快贫困地区文化产业发展

1.支持贫困地区特色文化产业发展。鼓励贫困地区依托特色文化资源发展特色文化产业，支持建设一批具有富民效应和示范效应的文化产业集聚区和特色文化产业项目，支持文化产业创新，带动贫困人口就业增收，推动贫困地区文化资源优势转变为经济优势。稳步推进特色文化产业发展工程，加大对贫困地区特色文化产业发展的支持力度。加快推进藏羌彝文化产业走廊建设，培育民族文化产品和品牌，促进文化产业与旅游等融合发展。

2.促进边疆贫困地区动漫等数字文化产品创作推广。充分发挥动漫在青少年人群中的影响力，通过举办原创动漫推广活动，扩大优秀原创动漫等数字文化作品在边疆贫困地区的影响力，丰富当地群众文化生活，促进民族团结与社会稳定。鼓励边疆地区文化企业依托当地特色文化资源开发数字文化产品，支持跨地区产业合作。

3.支持贫困地区文化产业项目建设。鼓励贫困地区推广实施文化领域政府和社会资本合作模式，征集适宜采用政府和社会资本合作模式的文化产业项目。合理选择运营模式，做好评估论证，切实推进政府和社会资本合作，形成一批可复制、可推广的示范案例，助推更多项目落地实施。

（五）促进贫困地区文化市场健康发展

1.加强贫困地区文化市场综合执法队伍建设。实施贫困地区文化市场综合执法能力提升项目，进一步深化文化市场综合执法改革，配齐建强文化市场综合执法队伍。继续实施中西部地区文化市场综合执法能力提升行动计划，加强东中部地区与西部地区综合执法对口交流协作。开展全国文化市场综合执法师资巡讲、以案施训，培养一批贫困地区文化市场综合执法业务骨干。

2.开展贫困地区文化市场专项整治。加强贫困地区文化市场日常巡查和执法办案，打击非法文化产品，维护贫困地区文化安全。重点监管营业性演出、互联网文化、娱乐场所、出版物等市场，严查含有禁止内容的重大案件。以庙会、集市为重点地区，以淫秽、色情、低俗演出为重点整治内容，部署贫困地区文化市场检查工作。

3.深入推进贫困地区上网服务行业转型升级。探索建立上网服务场所参与公共服务长效机制，主动为符合条件的上网服务场所接入公共文化服务项目，使其成为公共图书馆图书流通点和数字图书资源阅览站。鼓励和引导上网服务场所发挥区位优势、场地优势和技术优势，提供电子商务服务，发展社区便民服务。

（六）推动贫困地区文化交流互通

1.扩大贫困地区文化交流与合作。完善贫困地区文化交流机制，拓展交流渠道和平台。积极选派贫困地区优秀演展项目参与“欢乐春节”等文化交流活动。充分利用海外中国文化中心平台，支持贫困地区优秀文化资源走出国门，走向世界。实施文化睦邻工程，支持边境贫困地区与周边国家开展文化交流活动。推动贫困地区与国内发达地区的文化交流。

2.统筹推进汉藏文化交流项目。依托公共数字文化体系优势，在文化共享工程藏区服务工作基础上，联合西藏及四川、云南、甘肃、青海四省藏区统筹推进实施“汉藏文化交流项目”。发挥文化共享工程平台、资源、渠道、服务网络优势，以现代公共数字文化服务促进汉族与藏族文化之间的交往交流交融，发挥文化固边安民作用。

（七）加大贫困地区人才队伍建设力度

1.选派干部挂职帮扶。选派干部赴西部等贫困地区挂职帮扶。“十三五”时期，根据中央要求，结合文化部实际，将选派20名同志到新疆、西藏、青海和西部地区、革命老区和中央苏区等贫困地区挂职帮扶。

2.继续实施“三区计划”文化工作者专项。以县为基本单位，主要是国家确定的连片特困地区覆盖的县、国家扶贫开发工作重点县和省级扶贫开发工作重点县，以及新疆生产建设兵团困难团场，到2020年，每年选派1.9万名优秀文化工作者到“三区”工作或者提供服务，每年为“三区”培养1500名急需紧缺的文化工作者。

3.实施干部教育培训计划。自2017年起，每年举办一期边境地区文化管理干部培训班、新疆文化管理干部培训班、新疆兵团文化管理干部培训班、西藏文化管理干部培训班、西藏文化系统专业技术人才培训班、西藏文化系统组工干部培训班、五省区（甘青川滇藏）藏区文化管理干部培训班。

4.加强文化科教扶贫兴边。在贫困地区推动开展科普宣传，推动“文创+科创+农创”模式，支持贫困地区群众利用文化科技创业致富，推动大数据、数字多媒体、虚拟现实等技术在贫困地区文化机构的运用。在全国艺术职业教育师资培训工作中，注重向贫困地区倾斜。借助全国和区域性产教对话平台，促进艺术院团、园区、企业、社会组织参与贫困地区人才培养。扶持贫困地区艺术研究院所建设。

（八）落实文化部定点扶贫工作

坚持“文化扶贫为重点、多种扶贫方式并举”的思路，发挥文化部资源优势与政策优势，支持山西省娄烦县、静乐县公共文化服务体系建设，有效提高两县人民群众享受基本公共文化服务水平。依托两地民俗资源开发，推动当地特色文化产业发展。加强基层文化队伍建设，每年选派2名干部到定点扶贫县山西娄烦、静乐县挂职扶贫，定期选派干部到定点扶贫县任村第一书记。通过实施文化精准扶贫项目，助推两县经济社会发展，打赢脱贫攻坚战。

三、组织实施

（一）加强组织领导。按照“中央统筹、省级负总责、市县抓落实”的工作机制，加强组织领导，明确责任分工，发挥中央和地方两个积极性。充分调动贫困地区的主观能动性，落实地方政府的主体责任。广泛发动文化系统力量加强对口支援、合作共建等工作，鼓励发达地区文化部门、文化部直属单位与贫困地区的县、乡开展各种形式的结对帮扶，形成工作合力。

（二）加强统筹指导。统筹规划贫困地区发展路径，兼顾当前和长远、需要和可能，突出不同区域发展重点和迫切需要解决的特殊困难，以贫困地区为重点推进实施。要加强宣传引领，及时宣传文化扶贫工作的实施成效和好经验、好做法，鼓励社会力量积极参与。

（三）促进协同发展。进一步建立健全东中西部协作机制，将东部地区文化建设的先进经验同中西部地区丰富的文化资源结合起来，注重发挥典型示范作用，形成更多可复制、可推广的经验，指导工作实践。

（四）加强督促检查。文化部财务司负责本实施方案的督促检查工作，各司局、各直属单位要加强文化扶贫项目和工程的组织落实工作，明确专人负责。各省（区、市）文化厅局要把加强贫困地区文化建设纳入重要日程，以实际行动推动贫困地区文化发展。文化部将定期组织督查调研，统筹推进工作落实。

参考文献

[1]北京志愿服务发展研究会.中国志愿服务大辞典[M].中国大百科全书出版社，2014.

[2]北京志愿者联合.志愿服务项目管理教材（修订版）[M].2011.

[3]陈先达.文化自信中的传统与当代[M].北京师范大学出版社，2017.

[4]陈瑶等编.公共文化服务：制度与模式[M]，浙江大学出版社，2012.

[5]邓子纲.大文化视阈下产业扶贫与特色发展研究[M].中国社会科学出版社，2017.

[6]丁元竹，江汛清，谭建光主编.中国志愿服务研究[M].北京大学出版社，2007.

[7]傅才武，彭雷霆.中国公共文化服务发展指数报告（2019）[M].社会科学文献出版社，2019.

[8]广东志愿者学院.志愿服务岗位能力培训教材[M].广东人民出版社，2014.

[9]黄彬.展览策划与组织[M].浙江大学出版社，2013.

[10]黄奇杰.社会力量参与文化精准扶贫研究[M].浙江大学出版社，2019.

[11]惠泽人VSO.中国民间组织志愿服务项目管理培训手册[M].2007.

[12]李程骅.文化自信[M].江苏人民出版社，2019.

[13]良警宇.文化志愿服务蓝皮书：中国文化志愿服务发展报告（2018年）[M].社会科学文献出版社，2018.

[14]柳诒徵，吕思勉.文化十六讲[M].中国友谊出版社，2017.

[15]柳诒徵.中国文化史[M].上海三联书店，2007.

[16]毛少莹.公共文化服务概论[M].北京师范大学出版社，2018.

[17]彭泽明，张海燕，李健.公共文化服务创新案例[M].北京师范大学出版社，2018.

[18]阮可.公共文化服务标准化研究[M].中国社会科学出版社，2018.

[19]苏智良，陈恒.文化体验：城市、公民与历史[M].上海三联出版社，2017.

[20]孙机.中国古代物质文化[M].中华书局，2014.

[21]谭建光中国志愿服务指南[M].广东人民出版社，2007.

[22]王晖.中国文化与跨文化交际[M].商务印书馆，2017.

[23]王琪延，徐玲.中国城市文化发展指数2016[M].中国人民大学出版社，2016.

[24]徐清泉.社区公共文化服务创新策略：城市社区公共文化服务供给运营机制创新研究[M].上海社会科学院出版社，2018.

[25]许倬云.中国文化的精神[M].九州出版社，2018.

[26]杨永恒，龚璞，潘雅婷.公共文化服务效能评估：理论与方法[M].科学出版社，2018.

[27]叶朗主编.中国文化产业年度发展报告2018[M].北京大学出版社，2019.

[28]张岱年，方克立.中国文化概论[M].北京师范大学出版社，1994.

[29]张凤奇，罗锐华.中国文化发展指数研究[M].中国社会科学出版社，2018.

[30]张海峰，刘焕峰，樊军娟.弘扬革命文化传承红色基因[M].重庆出版社，2019.

[31]张江.建设新时代社会主义文化强国[M].中国社会科学出版社，2019.

[32]张强.文化馆与公共文化服务论[M].西安交通大学出版社，2018.

[33]张永新，良警宇.文化志愿服务蓝皮书：中国文化志愿服务发展报告（2016年）[M].社会科学文献出版社，2016.

[34]中共中央组织部.贯彻落实习近平新时代中国特色社会主义思想在改革发展稳定中攻坚克难案例（文化建设）[M].党建读物出版社，2019.

[35]中国艺术研究院.中国非物质文化遗产普查手册[M].文化艺术出版

社，2007.

[36][美]克利福德·格雷，黄涛，张会，徐涛，张扬译.项目管理教程（第2版）[M].人民邮电出版社，2007.

[37][美]米尔顿·J.贝内特，关世杰、何惺译.跨文化交流的建构与实践[M].北京大学出版社，2012.

[38][美]项目管理协会编，王勇，张斌译.项目管理知识体系指南（第3版）[M].电子工业出版社，2007.

后 记

※

2017年5月，共青团江苏省委为加强全省青年志愿服务培训的专业性和实践性，发挥高校师资和从事一线志愿服务的共青团力量，委托江苏诸多高校共同编写这一套江苏省志愿服务丛书。本人有幸承担了编写《文化志愿服务》这一分册的任务。在编写过程中，通过反复查阅文献资料，发现专门论述文化志愿服务的教材、书籍和论文较少，深感确实需要一本理论基础和实务操作相结合的，能够提供近年来较为新鲜且成功案例的图书。为了更能凸显文化志愿服务在本套丛书中的特色，本书聚焦文化志愿服务这一特定领域，从文化的概念、内涵、范围、形式等多方面和志愿服务紧密结合，并大量列举文化志愿服务的成功案例，侧重于如何更好地设计和管理文化志愿服务项目。在本书编写过程中，编者也开展了大量的志愿服务调研，走访多地，亲身感受文化志愿服务的魅力和受欢迎程度。见此种种，更深感编写出一本文化志愿服务专著作为指导是一件多么有意义的事。图书编写是一项长期而艰巨的任务，在此过程中，感谢编委会的各位领导和专家的悉心指导和大力支持。

编　者